かんたん楽しい

季節の紙飾り

やまもとえみこ

日本ヴォーグ社

CONTENTS

この本に関するご質問はお電話・WEB で
書名 / かんたん楽しい季節の紙飾り
本のコード /70787
担当 / 浦崎
TEL:03-3383-0765（平日 13 ～ 17 時受付）
WEB サイト「手づくりタウン」
https://www.tezukuritown.com
※サイト内「お問合わせ」からお入りください (終日受付)。

作品を作りはじめる前に

この本で使った道具

この本の作品を作るのに使用した主な道具です。
特別変わったものはないので、手近で揃えられる道具で十分です。

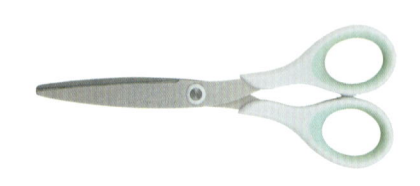

はさみ

紙を切るのに使用します

接着剤

のりと、ボンドのような液状のもの、
どちらもあると便利

おかずカップ、つまようじ

接着剤を出して使う時に便利です

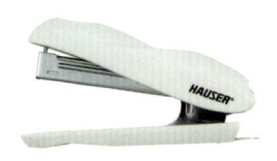

ホッチキス

紙を留めるのに使用します

両面テープ

紙を貼るのに使用します

マスキングテープ

型紙を写す時や、
ディスプレイの時にも活躍

鉛筆、定規

型紙を写す時や、
印を書く時に使用します

丸箸

紙をカールする時に
使用します

この本で使った紙

この本の作品を作るのに使用した主な紙をご紹介します。
画用紙や折り紙はどんな紙を使っても作れるので、
お好きな紙で作ってみてください。

折り紙

一般的な 15 × 15 cm
サイズの折り紙です

模様折り紙

様々な柄があるので
選ぶのも楽しい

お花紙

薄くて柔らかい紙

画用紙

厚さや色も様々。
100均で買えるもの、
専門店で売られているもの、
なんでも OK です

画用紙について

この本では主にタント((株)竹尾、平和
紙業(株))、NTラシャ((株)竹尾)、エ
コラシャ(平和紙業(株))を使用しまし
た。紙の厚さは「連量」というもので表さ
れ、この本で使用したのは100kg程度
のものです。100均などで売られている
画用紙は90kg程度が多いようです。

紙以外

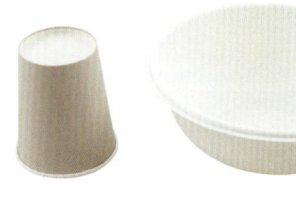

紙コップ、紙皿

パーツの土台などに
使用しています

糸

吊るして飾りたい時に

輪ゴム

お花紙を束ねる時などに
使用しています

基本のテクニック 何度も出てくる、基本的なテクニックを説明します。

円

【6等分】

1 指定の円を用意する。

2 二つ折りにする。

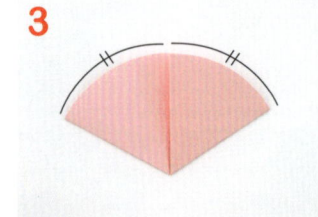

3 左右が大体同じ大きさになるように折る。

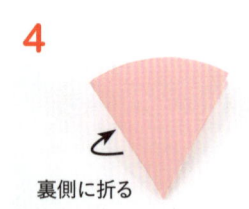

4 左側の三角を裏側に折る（手前に折ると紙の厚みできれいな等分にならないので裏側に折ること）。

5 6等分の折り線がついた。

【8等分】

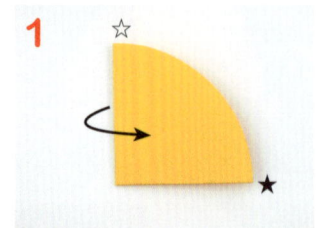

1 6等分の**1、2**を参照して紙を二つ折りにし、さらに二つに折る。

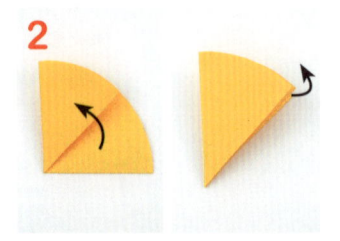

2 手前の★を☆まで折り、同様に奥の★を☆まで裏側に折る。

3 8等分の折り線がついた。

蛇腹折り

【6等分／12等分】

1 上下が大体同じ幅になるように折る。

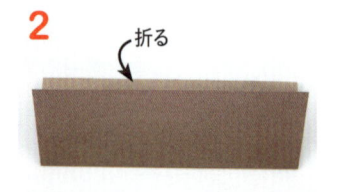

2 上側を☆で折る。12等分は**6**に進む。

3 3等分の線が山折りに見える向きで置く。

4 山折りと山折りの間を谷折りにしてゆく。

【12等分】

5 6等分の折り線がついた。折り線は端から谷→山が繰り返される。

6 一度紙を開き、谷折りの線の間をそれぞれ谷折りにする。

7 そのまま二つ折りにする。

8 6等分の線が山折りに見える向きで置く。

9

山折りと山折りの間を谷折りにして
ゆく。

10

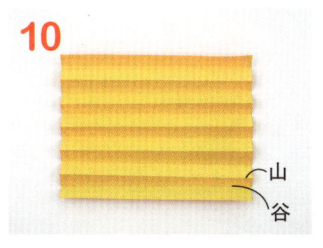

12等分の折り線がついた。折り線
は端から谷→山が繰り返される。

1

二つ折りにする。

2

一度開き、中央の折り線に向かって
両側を折る。16等分は **6** に進む。

【16等分】

3

4等分の線が山折りに見える向き
で置く。

4

山折りと山折りの間を谷折りにして
ゆく。

5

8等分の折り線がついた。折り線
は端から谷→山が繰り返される。

6

一度紙を開き、一番上と、一番下の
谷折りの線の間をそれぞれ谷折り
にする。

7

一度紙を開き、上から2本目の谷
折りまで下を折り上げる。

8

再度紙を開き、下から2本目の谷
折りまで上を折り下げる。

9

8等分の線が山折りに見える向き
で置く。

10

山折りと山折りの間を谷折りにして
ゆく。

紙をカールする

11

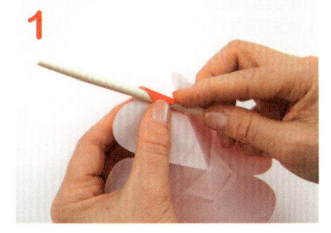

16等分の折り線がついた。折り線
は端から谷→山が繰り返される。

1

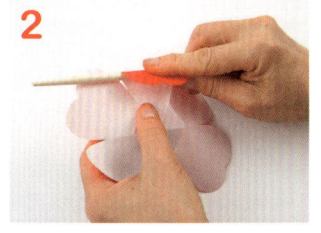

紙の端にくせをつける時は、箸の丸
みを当て軽くくせをつける。

2

全体にカールする時は、大きくしご
いてくせづけをする。

3

カールがついた。

お正月飾り

お花紙や千代紙を使って、華やかな
お正月の飾りを作りましょう。
扇のバランス、水引のサイズや
貼り方はお好みで構いません。
思い思いの飾りを作ってみましょう。

【作り方 YouTube】

【材料】
- 花 … 赤・ピンクのお花紙各 4 枚
- 扇 … 黄色の折り紙 1 枚、模様折り紙 2 柄各 1 枚
- タブ用色画用紙 … 3 × 6 cm
- 輪ゴム … 2 個
- 水引 … 適宜

1

花を作る。赤いお花紙を 4 枚重ね、P.7 を参照して 8 等分の蛇腹に折り、中心を輪ゴムで留める。両角をカーブに切り落とす。

2

蛇腹を広げ、すべての折り山（6 カ所）に切り目を入れる。

3

お花紙を一枚ずつ起こし、形を整える。

4

ピンクのお花紙でも同様に花を作る。

5

扇子（大）を作る。まず黄色の折り紙を一度二つ折りにしたあと、折り目を 90 度回転させ、P.7 を参照して 8 等分の蛇腹に折る。

6

最初につけた折り目でしっかりと二つ折りにする。これは軸になる。

7

模様折り紙 1 枚も軸と同様に 8 等分の蛇腹に折り、中心の線で 2 つに切る。こちらは扇子部分になる。

8

扇子部分の裏側にのりを塗る。

9

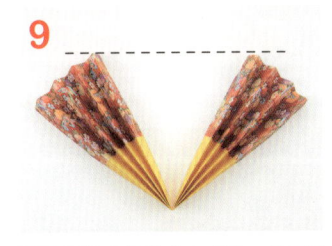

扇子と軸を貼り合わせる。この時左右の扇子部分の高さが同じくらいになるよう注意する。

10

貼る

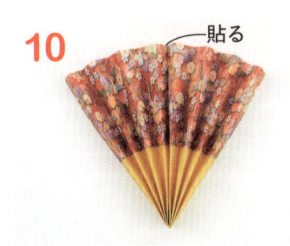

中心を貼り合わせて、扇子（大）のできあがり。

11

もう 1 枚の模様折り紙を軸と同様に 8 等分の蛇腹に折り、中心を貼り合わせ、扇子（小）を作る。

12

貼る

扇子（大）と扇子（小）を貼り合わせる。

13

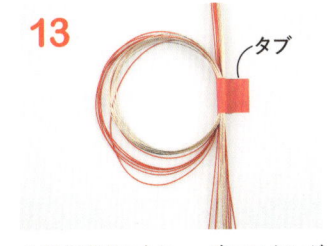

タブ

水引を適当に丸め、一度マスキングテープで留める。3 × 6 cm にカットした紙（タブ）の裏側全面に接着剤を塗り、マスキングテープをはさんで二つ折りにして貼る。

14

タブに接着剤を塗り、扇子の側面に貼る。側面からはみ出したタブの余分はカットする。水引は好みの長さにカットし、バランスを調整する。

15

花の裏側に接着剤を塗る。

16

タブを隠すように、扇子の側面に貼る。もう一つの花も貼ったらできあがり。

椿の吊るし飾り

お正月や冬の飾りにぴったりな椿の花。
芯の部分のちょっとしたリアルさがポイントです。
写真のように吊るし飾りにしてもかわいいですし、
そのまま壁面に貼ったり、
棚などに置いても素敵なディスプレイに。

［型紙］…P.81、P.82

【材料】（椿）　　　　　　　　　　（風車）
- 折り紙…2色各1枚　　　　● 折り紙…2色各1枚
- 黄色の折り紙…1枚

1

切り込み

椿を作る。型紙の通りに準備したら、折り目の1ヵ所を中心までカットし、切り込みを入れる。

2

貼る

隣り合う花びら1枚分を重ねて貼り合わせ、花びらを5枚にする。中心が平らになるよう形を整える。

3

花びらを軽く外側にカールさせる（P.7参照）。同じものを2個作る。

4

下になる椿の中心にのりを塗る。

5

花びらをずらして、上になる椿を重ねて貼る。

6

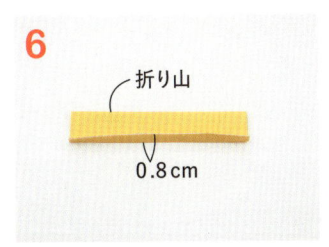

折り山

0.8cm

花芯を作る。二等分にカットした折り紙の1枚を二つ折りにし、折り山ではない方を2枚一緒に0.8cm程度折り上げる。

7

折った部分を広げ、折り線まで適当な幅で、切り込みを入れる。

8

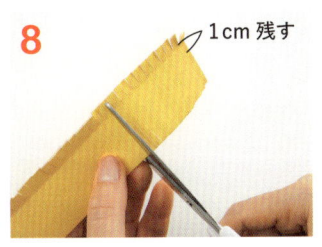

1cm残す

反対側からも、折り線の1cm程度手前まで切り込みを入れる。適当な幅でOK。ばらばらの方がそれらしく仕上がる。

9

軽く内側にカールさせておく（P.7参照）。

10

0.8

0.8cmの切り込みがふた側にくるようにして、花芯をペットボトルのキャップに巻き付けていく。巻き終わりはのりで貼り留める。

11

ふた側の切り込みを、ふたに沿って折る。

12

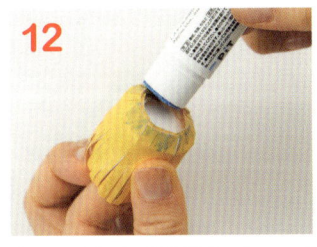

まんべんなくのりを塗る。キャップはまだ取らないこと。

13

椿の中心にキャップを押し付け、花芯をしっかりと貼り付ける。貼れたらキャップを抜き取る。

14

風車は1/4に切った折り紙でP.9の扇子（小）を参照してパーツを4個作り、円形に貼り合わせる。

15

葉は型紙の通りにカットし、好みで使用する。

16

吊るす時は、パーツの裏側にマスキングテープでひもを貼り付ければOK。

11

門松

折り紙や紙コップで作る門松です。
紙コップを飾る色画用紙や千代紙を変えるだけで、
ちがった印象の門松になります。
ちょっとしたところに飾れるコンパクトなサイズ。

［型紙］…P.81、P.82

【材料】（1個分）

【竹】
● 緑の画用紙
● 黄緑の折り紙

【松】
● 濃緑の画用紙

【扇】
● 黄土色の画用紙

【花】
● 赤、ピンクの折り紙
● 黄色の丸シールなど

【その他】
● 紙コップ
● 好みの画用紙、模様折り紙
　　… 適宜

【作り方 YouTube】

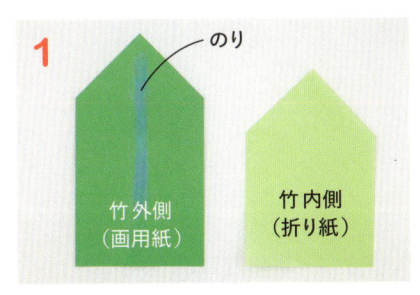

1 竹を作る。型紙の通りにカットし、竹外側の中央にのりを塗る。

2 竹内側を重ねて貼る。先端をカーブにカットする。

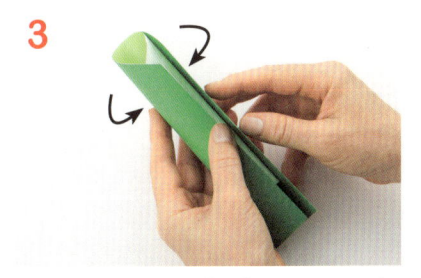

3 筒状に丸めて紙端を貼り合わせる。この時、竹外側だけを貼り合わせる。竹内側は貼り合わせなくて OK。同様に 2 本作る。

4 下端を揃えて 3 本をまとめ、のりを塗った紙で巻いて留める。巻く紙の幅は、使用する紙コップから出したい竹の長さに合わせて決める。飾る時に左右対称になるよう、短い竹が一番内側になるよう配置する。

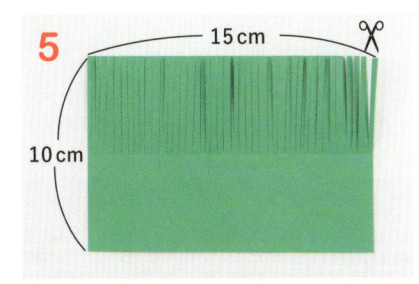

5 松の葉を作る。紙を一度二つ折りにして開き、片側に折り線まで切り込みを入れる。

6 端から箸のような長細いものに巻いていく。巻き終わりはのりで留める。

7 先を広げる。同様に 2 個作る。

8 梅の花を作る。型紙の通りに紙を準備し、P.11 の椿の作り方を参照して作る。中心に丸シールなどを貼る。色違いで 2 個作る。

9 15 × 10 cm の紙を用意し、P.7 を参照して、16 等分の蛇腹に折る。

10 中心にテープやのりを塗った細い紙を巻いて留め、半分を扇状に広げる。

11 紙コップの高さに合わせて画用紙を用意し、好みで模様折り紙などを貼る。紙コップに巻き付け、のりで留める。

12 竹、松、扇は紙コップの中に入れる。外側に梅の花を貼ってできあがり。

梅の吊るし飾り

紙の帯とホチキスで作る梅の花と、
簡単に作れる梅の花を使って吊るし飾りを作ります。
吊るし飾りに仕立てず、そのまま壁面に貼り付けても、
華やかでかわいいモチーフとして活躍してくれます。

[型紙]…P.81、P.82

【材料】（梅の花 1 組分）

- 2 × 15 cm の紙帯（長）… 5 枚
- 2 × 10 cm の紙帯（短）… 5 枚
- 折り紙 … 2 枚
- 好みの紙 … 直径 3 cm の円× 2 枚

1

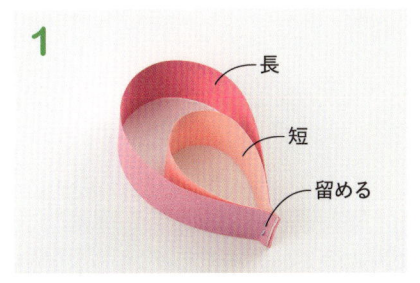

長・短を 1 枚ずつ重ね、端を揃えて丸めてホチキスで留める。5 個作る。

2

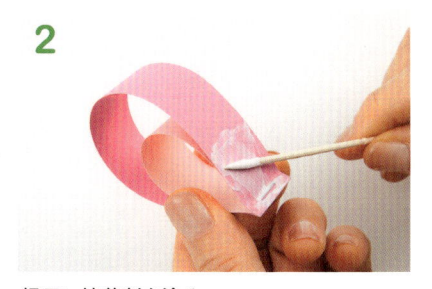

根元に接着剤を塗る。

3

貼り合わせる。

4

5 個貼り終わったところ。

5

中心に接着剤を塗る。

6

表裏に花中心を貼る。

7

型紙の通りに紙を準備し、梅の花（小）は P.11 を参照して切り込みを入れたあと花びらを 5 枚にする。

8

花びらが重ならないように配置し、（大）の上に（小）を貼る。

9

吊るし飾りにする時は、リボンを裏側に貼る。

ワンポイント

紙の帯の梅の花に少し切り込みを入れ、そこにリボンを差し込むと、飾る時に安定します。

15

梅とうぐいす

梅とうぐいすのモチーフ。
どちらもほんのりカールをつけるので、
立体的に仕上がります。
大きめの作品で、迫力満点!
壁面をかわいく飾りましょう。
［型紙］…P.81、P.82

【作り方 YouTube】

【材料】 【うぐいす】
● 体、羽、尾 … 黄緑の画用紙
● 腹 … 白の画用紙
● 目 … 黒・白の画用紙
● くちばし … 黄色の画用紙

【梅】
● 花びら … ピンクの画用紙
● おしべ … 黄色の画用紙

1

梅の花を作る。型紙の通りに紙をカットし、1ヵ所に切り込みを入れる。切り込みの根元にのりを塗る。

2

隣り合う花びら1枚分を重ねて貼り、花びらを5枚にする。

3

軽く内側にカールする（P.7参照）。

4

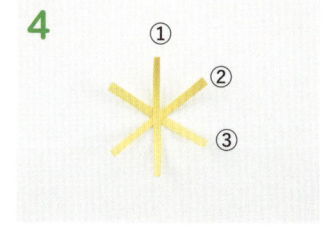

おしべを3枚貼り合わせる。

5

花の中心に貼る。

6

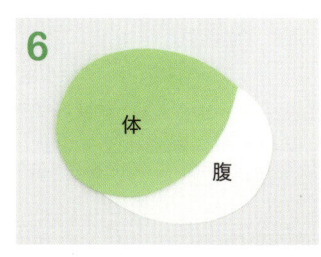

うぐいすを作る。型紙の通りにカットした体と腹を貼り合わせる。

7

内側に軽くカールさせる。

8

羽は型紙の通りにカットし、内側に軽くカールさせる。

9

尾を作る。型紙の通りに紙をカットし、二つ折りにする。

10

手前の1枚を上に折り上げる。

11

折り山に合わせてもう一度下向きに折る。

12

反対側も同様に折る。

13

折り目を広げ、裏側の先端にのりをしっかりと塗る。

14

のりを塗った部分をたたみ、貼り合わせる。

15

体に尾を貼る。角度は適当で構わない。

16

羽、目、くちばしを貼ったらできあがり。

ハートの立体カード

カードを開くとハートが飛び出す、
バレンタインにぴったりの
カードです。
2枚のハートは
色を変えてもおしゃれ。
作り方も簡単です。
［型紙］…P.83

【材料】
● カード用画用紙 ･･･ 21 × 15 cm
● ハート、ジョイント用画用紙 ･･･ 20 × 15 cm

1

カードを二つ折りにする。

2
ハートを型紙の通りにカットし、指示通り中心に切り込みを入れる。

3
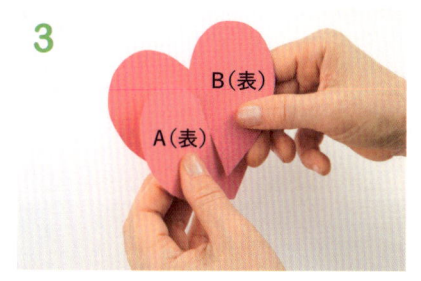
切り込み同士を差し込む。

4
切り込みを中心にして、2枚を重ねる。写真のハートは、左半分がA（表）、右半分がB（表）。ハートにメッセージを書く時は、この状態で書くと、カードを開いた時正面に見える。

5
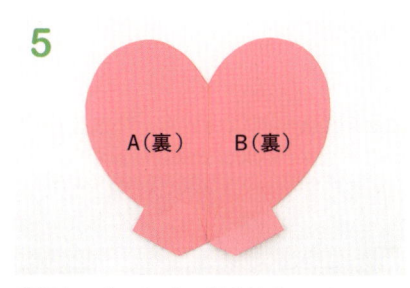
裏返してジョイントの折り線をハートのカーブに合わせて貼る。

6
ジョイントが重なるようにハートを折り直す。写真のハートは左半分がB（裏）、右半分がA（表）。

7
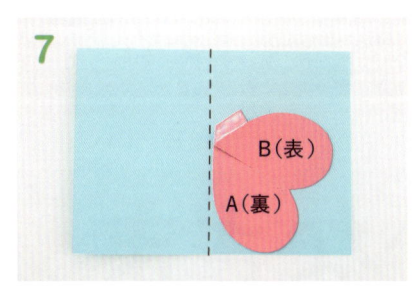
下側のジョイントに接着剤を塗り、ジョイントとカードの折り線が平行になるように貼る。ハートがカードの内側に収まれば、位置はどこでもOK。上側のジョイントにも接着剤を塗る。

8
カードを閉じてジョイントをしっかり貼る。

9

カードを開いて確認する。しっかり貼れていればできあがり。

お内裏さまとおひなさまだけ飾って
も十分華やかです。

おひなさま

折り紙で作るかわいらしいひな人形。
好きな折り紙、千代紙を組み合わせて、
思い思いの着物を完成させましょう。
三人官女、五人囃子も作り方は同じです。
壁面に貼る時は、軽く潰して
そのまま壁に貼れば OK。

[型紙]…P.82

【作り方 YouTube】

【材料】（1体分）
- 体 … 折り紙 1 枚
- 着物 … 折り紙 3 枚
- 髪 … 折り紙 4/1 枚
- 烏帽子、尺、釵子、扇子 … 適宜

1

着物を作る。折り紙を縦、横に折って折り目をつけ、1/4 をカットする。3 枚とも同様にする。

2

角にのりを塗り、下になる色柄から1 枚ずつ少しずらしながら重ねて貼る。

3

裾になる

上の角を折り返す。こちら側が着物の裾になる。

4

体を作る。折り紙を三角に折り、手前の角を下に折り返す。

5

中心の折り目を開いて、上側の角を中心の折り目まで折る。

6

4 で折り返した三角部分に髪を貼る。

7

のり

裏側の右端にのりを塗る。

8

1.5 cm

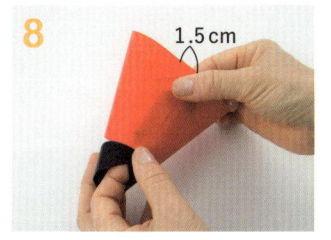

体を丸めて、端を 1.5 cm 程度重ねて貼り合わせる。

9

下端が円になるよう、飛び出た角の部分を内側に折り込む。

10

着物を着せる。1 番上になる着物の上端の角にのりを塗り、体に巻くイメージで前に丸めた状態で 2 枚目の着物に貼り合わせる。同様にして、2 枚目の着物も 3 枚目の着物に貼り合わせる。

11

反対側の角も同様に貼り合わせる。

12

背中の中心部分にのりを塗る。

のり

13

衿の位置のバランスを見ながら、体を貼る。

14

まず着物の左角にのりを塗り体に貼ったら、右角にものりを塗り、着物を合わせて貼る。

15

扇子は P.9 の 16 等分を参照して作る（1/4 に切った折り紙をさらに半分にカットして使う）。一度開いて下端にのりを塗り、たたんで貼り合わせる。

16

顔を描き、お内裏様には尺と烏帽子、おひなさまに釵子と扇子を貼ったらできあがり。

たんぽぽと蝶

小さなお子さんでも名前を知っているたんぽぽは、
春の壁面飾りにぴったり。
作り方は簡単ですが、リアルで立体感のある
お花を作ることができます。
明るい黄色のお花は元気いっぱい。
葉や茎で様々な表情を作って、
ディスプレイを楽しんでくださいね。

[型紙]…P.81、P.83

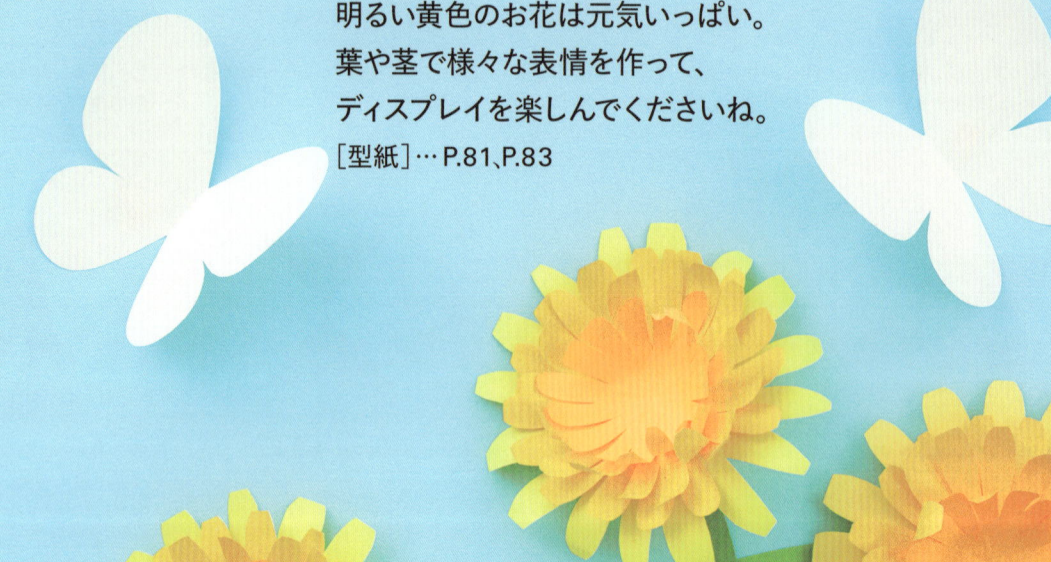

【材料】
● 花（大）… 画用紙 直径 12cm
● 花（中）… 画用紙 直径 10cm × 2枚
● 花（小）… 画用紙 直径 8cm
● 葉、茎 … 適宜

【作り方 YouTube】

1

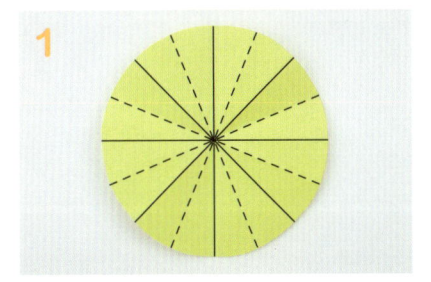

P.6 を参照して、花（大）を 8 等分に折ったあと、その間をさらに二つ折りにして 16 等分の折り線をつける。

2

カーブにカット

どこでも構わないので、一辺で二つ折りにして、両角をゆるいカーブにカットする。

3

写真のようにゆるいカーブにカットする。

4

同じ要領で、すべての折り目で二つ折り→両角をゆるいカーブにカットを繰り返す（全部で 8 回）。

5

16 枚の花びらができる。

6

大　　　中（2枚）　　小

花（中）、（小）も同様に作る。

7

P.7 を参照して花びらをカールさせる。（大）は外側に、（中）と（小）は内側にカールさせる。

8

花（大）の中心にのりを塗る。

9

花びらが重ならないように花（中）を 2 枚重ねて貼る。同様に中心にのりを塗る。

10

同じく花びらが重ならないように花（小）を重ねて貼る。

11

葉と蝶は型紙の通りにカットする。枚数はお好みで。

12

茎は適当な長さ、カーブで適宜用意する。

チューリップ

とってもかんたんで、見栄えよくできるチューリップ。
にぎやかな雰囲気で、
卒園などの春のイベントにも最適です。
どんな色で作ってもかわいいので、みなさんで作って、
チューリップ畑にするのも素敵ですね。

［型紙］…P.83

茎をはさんで裏側にも花を貼れば、
一輪のチューリップのできあがり。

【材料】
● 花 … ピンクの画用紙
● 葉 … 緑の画用紙
● ストロー
● マスキングテープ

【作り方 YouTube】

1

花を作る。型紙の通りにカットした花びら（中央になる）を全体的に軽く外側にカールする（P.7 参照）。

2

しっかりカール

軽くカール

花びら（左右になる）は二つ折りにし、下になる花びらを軽く、上になる花びらを少ししっかりめにカールさせる。

3

花びら（左右）の折り山にそって半分くらいまでのりを塗り、花びら（中央）と貼り合わせる。

4

葉を作る。葉は型紙通りにカットする。

5

葉の両側をそれぞれ外側に軽くカールする。

6

茎を作る。ストローに好みの色柄のマスキングテープを貼る。

7

地の色が見えないように貼れたら完成。

8

仕上げ。葉の切り込みを開いてストローをはさみ、マスキングテープで根元を貼る。

9

貼れたところ。

10

同様にしてもう一枚葉を貼る。葉は 1 枚でも 2 枚でも好みで構わない。

11

茎の先端にマスキングテープで花を貼り付けたらできあがり。一輪作る時は、花の裏側にまんべんなくのりを塗り、もう一つの花を貼り合わせる。

桜のディスプレイ

桜の花を飾って、
春の気分を満喫しましょう。
お花の作り方はとっても簡単。
切って貼るだけです。
たくさん作れば壁面を華やかに
飾ってくれますし、
1～2輪だけでも、
春の風を届けてくれます。
[型紙]…P.81、P.84

【材料】　● 花 … ピンクの画用紙

【アレンジ】
● 花 … ピンクの折り紙・つまようじ
● 葉 … 緑の折り紙
● 枝 … 茶色の折り紙

【作り方 YouTube】

1

型紙の通りにカットする。

2

一辺に切り込みを入れる。

3

のり

花びら1枚にのりを塗る。

4

隣り合う花びら1枚分を重ねて貼り、花びら
を5枚にする。

5

できあがり。

ワンポイント

桜の幹は、茶色の画用紙を縦に裂いて
組みあわせ、バランスを見て壁面に貼り
ます。地面に向かって太くなるように貼
ると、それらしく見えますよ。

アレンジ

小さくした桜を枝に貼って。ちょっとしたディ
スプレイにしてもかわいいですね。

1

茶色の紙の裏側にのりを塗り、つまようじに
巻きつける。

3

葉は型紙の通りにカットし、2枚一組にして
枝を挟んで貼り合わせる。

2

枝のできあがり。

4

花びらを好みのバランスで貼り付けたらでき
あがり。

紙帯でつくる桜の飾り

2回ホチキスで
留めるだけで完成する、
紙の帯を使った桜の花びらです。
いくつか作ってひもでつなげ、
ガーランドにしてもかわいいですし、
ひとつだけで飾ってもシンプルで素敵です。

【材料】（花 1 個分）
- 2 × 30 cm の紙帯 … 5 本

1

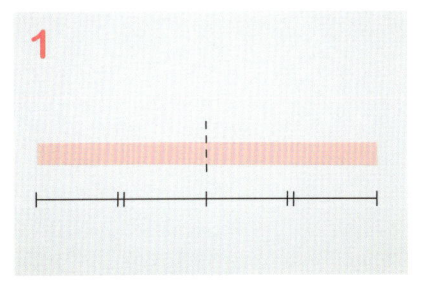

紙帯を二つ折りにする。

2

②留める
紙端
①折る
2 cm
4 cm

折り山から 2 cm のところと、紙端から 4 cm のところに折り目をつける。折り山の端をホチキスで留める。

3

ホチキスで留めた部分が内側になるように、2 cm の折り目で折り返す。

4

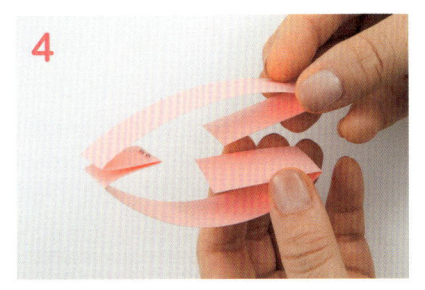

4 cm の折り目も内側に折り返す。

5

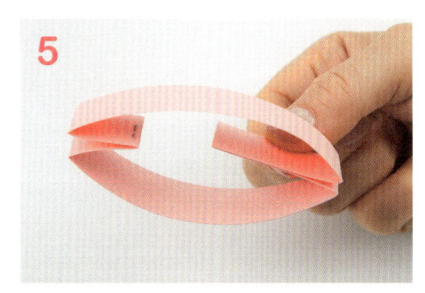

折り返したところ。

6

留める

4 cm の方を引き出し、折り目の線の上をホチキスで留める。

7

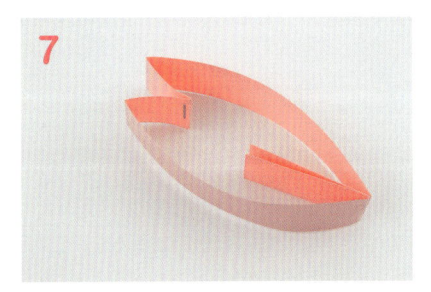

紙端を元に戻し、形を整える。

8

同じものを 5 個作る。

9

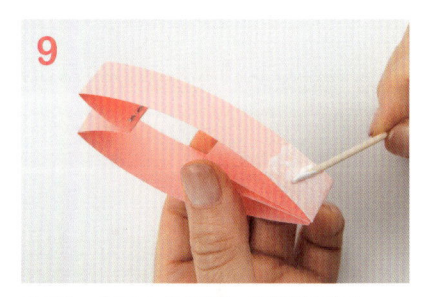

花びらの根元 1/3 程度に接着剤を塗る。

10

花びらを貼り合わせる。

11

5 枚貼り合わせたらできあがり。

桜の立体カード

カードをあけると桜の花びらが飛び出す立体のカード。
お祝いごとや、季節のご挨拶にぴったりのカードです。
［型紙］… P.81、P.84

【材料】
- カード用画用紙 … 21 × 15 cm
- 花用画用紙
- 葉用 … 適宜

1

P.27 を参照して桜の花びらを 5 個作る。

2

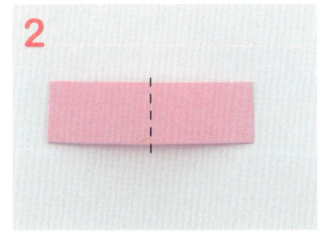

ジョイントを準備する。3 × 1 cm の紙を 3 枚用意し、それぞれ二つ折りにしておく。

3

折り目
ジョイント

上段の花を準備する。花びらを二つ折りにし、ジョイントを貼る。ジョイントは折り目が外側になる向きで貼る。

4

ジョイントに接着剤を塗る。

5

ジョイント
折り目

二つ折りにした花びらを写真のように重ねて貼る。同様にしてジョイントを貼り付け、接着剤を塗る。

6

もう 1 枚、二つ折りにした花びらを一番下の花びらと重なるように置いて貼る。

7

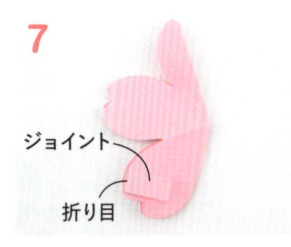

ジョイント
折り目

下段の花を準備する。上段と同様にジョイントを貼る。

8

ジョイントに接着剤を塗り、二つ折りにした花びらを重ねて貼る。

9

のり

上段の花を右側が花びらになるように持ち、下の花びらにのりを塗る。

10

カードに斜めに貼り付ける。花びらがカードから飛び出なければ OK。

11

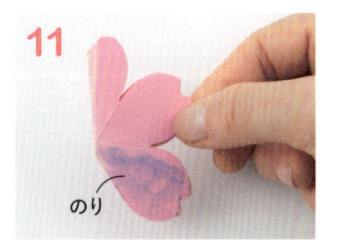

のり

下段の花も、右側が花びらになるように持ち、下の花びらにのりを塗る。

12

カードに貼り付ける。

13

上段、下段とも下の花びらにのりを塗る。

14

カードを閉じてしっかりと貼り合わせる。

15

カードを開いて確認する。

16

葉をつける時は型紙の通りにカットし、バランスを見ながら貼り付ける。

こいのぼり

クルンとした
大きな瞳がキュートな鯉のぼり。
うろこは切り込みを入れて開くことで、
立体的になるのが
迫力満点で楽しい作品です。
立てて飾ることもできるし、
壁面にそのまま貼って飾ることもできます。
［型紙］…P.83

【材料】（1匹分）
- B4サイズの画用紙 … 1枚
- 折り紙 … 1枚
- 目 … 白と黒の紙適宜

1

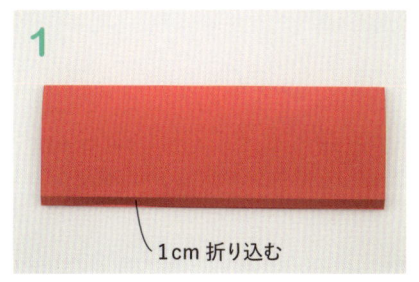

1cm折り込む

本体は二つ折りにし、下端をそれぞれ内側1cm折り込む。

2

うろこは、P.73の**2**〜**3**を参照して四つ折りにし、型紙の通りに切り込みを入れる。

3

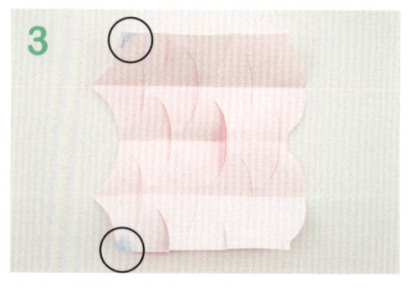

折り目を開き、頭側の裏側にのりを塗る。

4

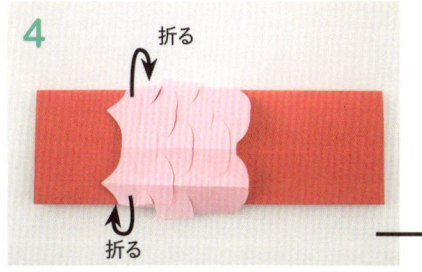

折る
折る

本体にうろこを貼る。本体とうろこの中心を合わせ、うろこの上下を少し裏側に折って貼り付ける。

上下を少し折って貼り付ける。下側は本体1枚だけに貼る。

5

尾側も裏側にのりを塗る。

6

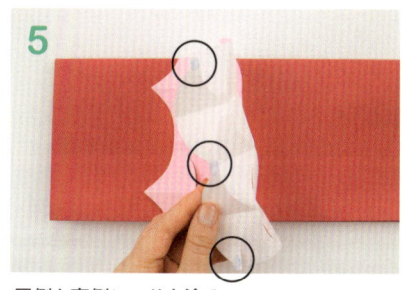

少し引っ張る

少し引っ張り気味にし、まず中心を本体に貼る。

7

頭側同様、上下を少し折って裏側に貼る。

8

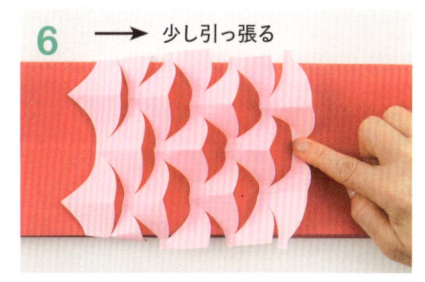

バランスを見て、好みの長さで本体をV字にカットする。

9

下端を適当に斜めに折り上げる。

10

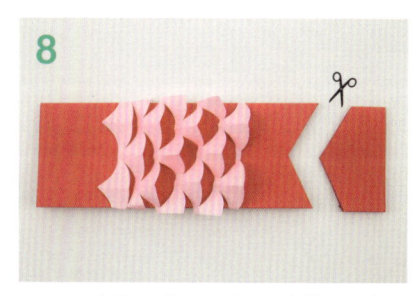

内側に入れる

折った部分を内側に入れる。

11

目を貼ったらできあがり。

カーネーションと

バラ

お花紙で作る、ボリュームのある美しい
カーネーションとバラです。
作り方はほぼ同じですが、
バラは中心の花びらを別に作って貼ることで、
より本物らしく品のある仕上がりになります。

【材料】　【カーネーション】（1個分）　【バラ】（1個分）
- 薄ピンクのお花紙 … 6 枚
- 濃ピンクのお花紙 … 4 枚
- 輪ゴム … 適宜

- お花紙 … 8 枚
- 輪ゴム … 適宜

カーネーション

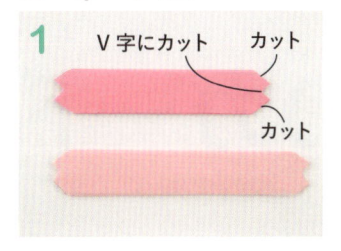

1 V 字にカット　カット　カット

P.7 を参照して 8 等分の蛇腹に折り、濃ピンクを少し短くカットする。両角をカットし、中央を V 字にカットする。

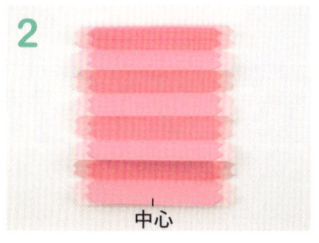

2 中心

中心を合わせて、薄ピンクの上に濃ピンクのお花紙を重ねる。

3

再び蛇腹に折って、中央を輪ゴムで留める。

4

濃ピンクが上になっている状態で、すべての山折りの線に切り込みを入れる。全長の半分より少し奥まで切り込みを入れる。

5

2 枚ずつ紙を起こして形を整えたらカーネーションのできあがり。

バラ

1

7 〜 8 枚を重ね、P.6 を参照して 6 等分の蛇腹折りにする。

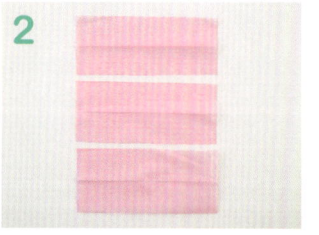

2

その内 1 枚だけを別にし、3 等分の線で切り分ける。

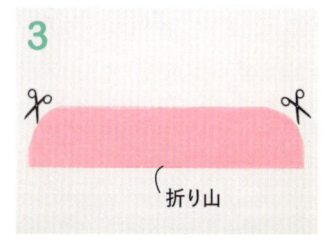

3 折り山

二つ折りにし、角をカーブにカットする。残りの 2 枚も同様にする。これが中心用のパーツになる。

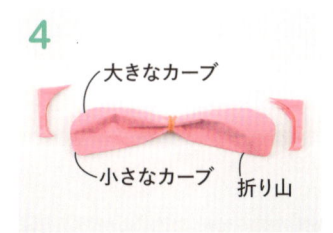

4 大きなカーブ　小さなカーブ　折り山

残りのお花紙は中心を輪ゴムで留め、上側は大き目の、下側は小さめのカーブにカットする。

5

山折りの二か所に切り込みを入れる。全長の半分より少し奥まで切り込む。

6

2 枚ずつ紙起こして形を整える。中心はこの後貼るパーツのために少し空間を作るようにし、全体的に丸い感じに整えるとそれらしくなる。

7

中心用の紙 1 枚を箸に巻き付ける。続けて残りの 2 枚も上に巻き付けていく。

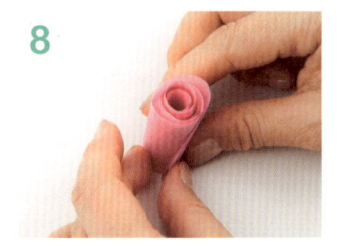

8

箸を抜き、好みの巻き加減まで少し緩める。

9

巻きが戻らないよう下端を潰す。

10

接着剤をたっぷりと塗る。

11

バラの中心に差し込んでしっかりと貼ったらできあがり。

母の日のカード

母の日に、感謝を込めて贈りたい
カーネーションのカード。
グラデーションの花びらを表現する時は、
花の縁をサインペンなどで軽く塗りましょう。

［型紙］…P.84

【作り方 YouTube】

【材料】
- カード用画用紙 … 21 × 15 cm
- カーネーション用画用紙 … 25 × 15 cm
- リボン用画用紙 … 22 × 15 cm
- ガク、茎画用紙 … 適宜

1
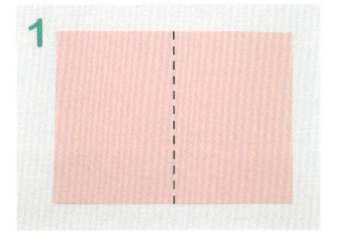
カードを二つ折りにする。

2

花びらは型紙の通りにカットする。

3

山 谷 谷 山 山 谷 谷
花びらを開き、一辺に切り込みを入れる。切り込みを入れた隣の折り目から、谷→山→谷→山→谷→山→谷になるように折り目をつけ直す。同じものを2個作る。

4

切り込みを入れた側
折り目の通りに花びらを折り、根本に接着剤を塗る。

5

切り込みを入れた側
切り込みを入れた側を下にして折り線に沿って花びらをカードに貼る。

6
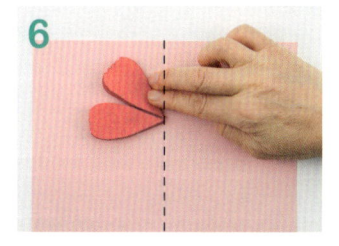
もう一つの花びらも貼る。カードの折り線から出ないように気を付ける。

7

根元に接着剤を塗る。

8
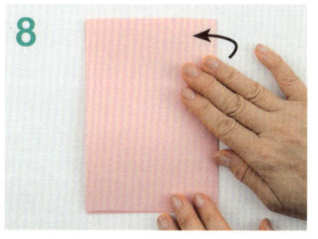
カードを閉じてしっかりと貼り合わせる。

9

カードを開いて確認する。

10

茎をつける場合は、茎→ガクの順でカードに貼る。

11
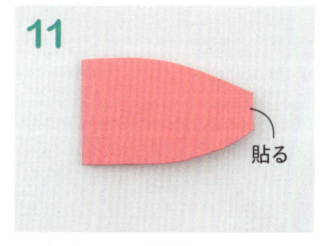
貼る
リボン上は、型紙通りにカットしたら、のりしろを内側に折って貼り合わせる。

12
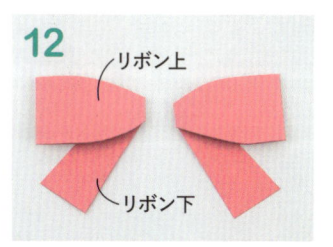
リボン上
リボン下
リボン下の上にリボン上を貼る。2組作る。

13

裏側に接着剤を塗る。

14

カードの折り線で左右対称になるようにカードに貼る。

15

リボン中央
リボン中央を上に貼る。

折り紙を切って、紙のお椀に貼るだけの
かんたんあじさいです。
テクニックいらずで、まぁるく、
かわいらしいあじさいができあがります。
紙の帯を巻いて貼るだけの、
すぐにできるカタツムリも
ぜひ一緒に飾って楽しんでくださいね。
［型紙］…P.84

まぁるいあじさいと カタツムリ

【材料】（それぞれ1個分）　**【あじさい】**
- 折り紙…4〜5枚
- 直径16cmの紙のお椀…1個
- 葉用の画用紙

【かたつむり】
- 2×35cmの紙帯
　…2色各1本

あじさいを作る。紙を型紙の通りにカットする。

ガクが4枚できる。同様に必要量の花びらを作っておく。

ガクを軽くカールする（P.7参照）。

ガクの中心に接着剤を塗る。

紙のお椀を裏返し、ガクを貼っていく。

隙間が見えなくなる程度まで貼ったらできあがり。

葉は型紙の通りにカットし、切り込みを開いてお椀の内側から貼る。

かたつむりを作る。2×35cmの紙の帯を2色準備する。

頭にしたい方の色の先端をV字にカットする。

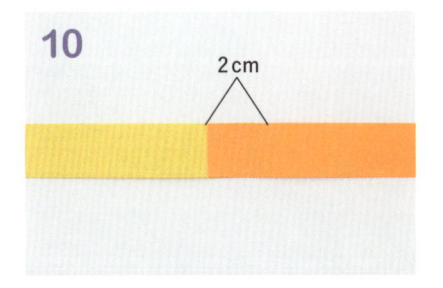

中心で2cm程度重ねて貼り合わせる。

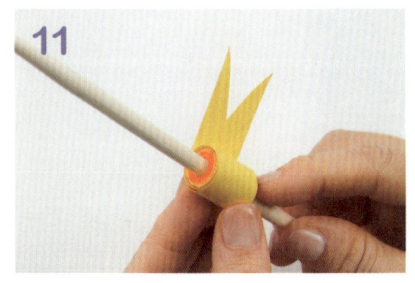

端から箸に巻き付ける。

箸を抜き、好みの大きさまで巻きをゆるめたら、接着剤で貼り留めてできあがり。

39

ガクはグラデーションで何色か使うと、より美しく仕上がります。
あじさいの雰囲気に合わせた、シャープなフォルムのかたつむりは、
ちょっとおもしろい作り方。
どちらもハサミを使わず作ることができます。
［型紙］…P.84

シャープなあじさいと
カタツムリ

【材料】（それぞれ1個分）

【あじさい】
● 折り紙（あじさい用）…5枚程度
● 折り紙（土台用）…2枚
● 折り紙（葉用）…1枚

【カタツムリ】
● 折り紙（体用）…1枚
● 折り紙（殻用）…2色各1枚

【葉】
● 折り紙…適宜

【作り方 YouTube】

1

あじさいを作る。折り紙を4等分にする。

2

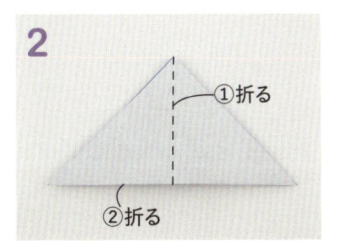

中表の状態で、対角線で2回折る。

3

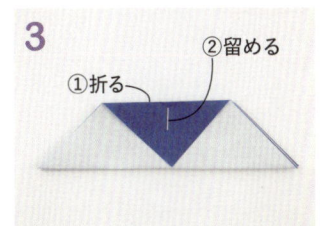

両側とも半分表に折り返す。同じものをもう1つ作り、重ねて中心上部をホチキスで留める。

4

折り紙の間に指を入れて開く。底を少し潰し、形を整える。これを10個程度作る。

5

折り紙を2枚重ねてのりで貼り合わせる。

6

バランスを見ながら6個程度を土台に貼りつける。

7

その上にさらに3～4個重ねて貼ったらできあがり。

8

かたつむりを作る。1～3と同様に紙を折ってから開き、両側も半分程度折り返す。

9

二つ折りにする。

10

同じものをあと2個作り、3枚重ねて中心をホチキスで留める。色は好みだが、A色→B色→A色の順で重ねるとできあがりがかわいい。

11

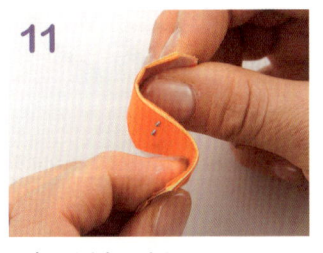

S字にくせをつける。

12

折り紙の間に指を入れ、カーブを意識しながら紙をしっかりと開く。できあがりが円形になるよう整える。

13

開いたところ。殻のできあがり。

14

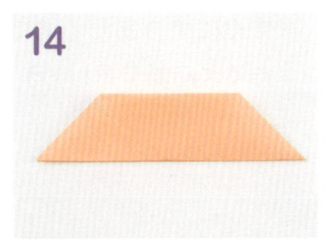

体を作る。2、3と同様に折ったあと、外表に折り直す。

15

中心から適当に斜めに折り返す。

16

殻の裏側に接着剤を塗り、体に貼り付けたらかたつむりのできあがり。

41

星のガーランド

紙の帯を折って、ホチキスで留めるだけ。
きらきらとかわいらしい星のガーランドです。
カラフルな紙で作れば、その場がパッと華やぎます。
すぐにできあがるので、気軽に作って、
たくさん飾りましょう。

【材料】（1個分）

● 2 × 35 cm の紙帯 … 1枚

1

2 × 35 cm の紙を用意する。

2

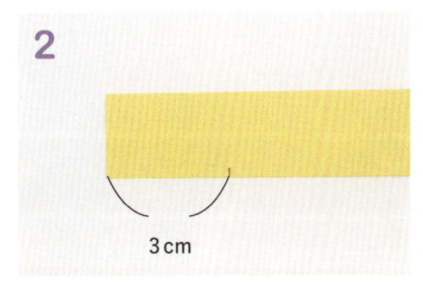

3 cm

端から 3 cm のところに印をつける。

3

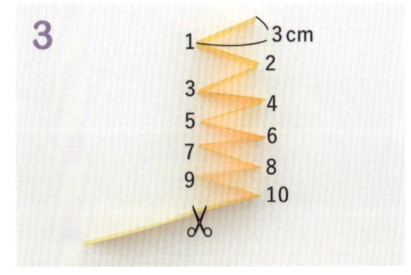

1 3 cm
   2
3   4
5   6
7   8
9   10

印で折り、それを目安にジグザグに 10 回折る。余分はカットする。

4

重ねる

一辺を重ねて、星の形を作る。

5

折り山の際をホチキスで留める。

6

同様に他の 4 か所も折り山の際をホチキスで留める。

7

ガーランドにする時は、折り山の一か所にリボンをはさんでホチキスで留める。

8

折り目を広げ、形を整えたらできあがり。

スパイラル飾り

折り紙一枚でできる、スパイラル状にねじられた
らせんが美しい飾りです。
風に揺れる姿も涼し気で、七夕などにもぴったり。
構造は簡単で、同じ作業の繰り返しですが、
ちょっとした頭の体操にもなりますので、
レクリエーションなどにもおすすめです。

【材料】（1個分）
● 折り紙 … 1枚

1

折り紙を P.6 を参照して 6等分の蛇腹に折り、カットする。

2

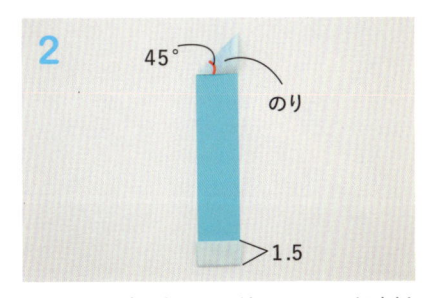

45°
のり
1.5

上端は 45 度に折り、下端は 1.5 cm 程度折る。6 本とも同様に折り、上端の三角形ののりしろにのりを塗る。

3

重ねて貼っていく。

4

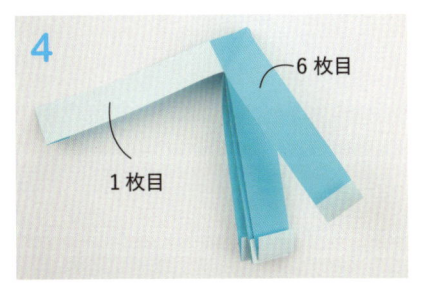

6枚目
1枚目

6 枚目ののりしろを 1 枚目に貼る。

5

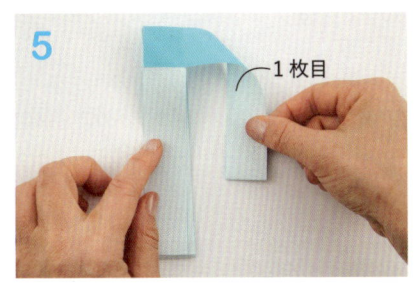

1枚目

全体を裏返し、1 枚目を 1 回ねじる。

6

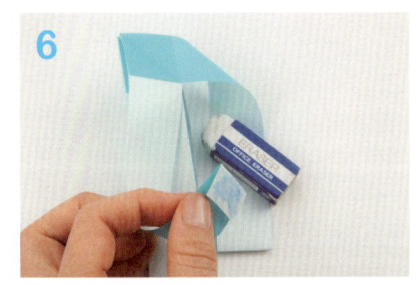

ねじったところが戻らないように重しを置いておく。2 枚目の下側ののりしろにのりを塗る。

7

2 枚目を 1 回ねじって 1 枚目に貼る。

8

同じように、3 枚目を 1 回ねじって 2 枚目に、4 枚目を 1 回ねじって 3 枚目に貼っていく。

9

このようにして全部貼る。

10

のりしろが連続するように 1 枚目ののりしろを 6 枚目に貼って、形を整えたらできあがり。

11

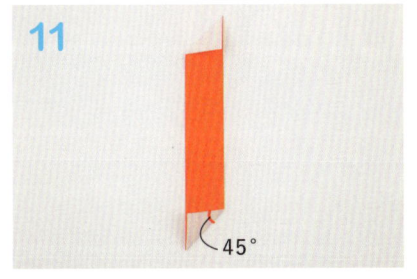

45°

木の葉型にする時は、下端ののりしろも 45 度に折る。

12

作り方は同じ。先がとがった木の葉型に仕上がる。

45

星の飾り

切り込みを入れて数か所貼るだけでできる、
繊細な星の飾りです。
表裏どちらの色も見えるので、
両面の折り紙を使っても素敵。

【材料】（1個分）
● 折り紙 … 1枚

1

折り紙を三角に折る。

2

もう一度三角に折る。

3

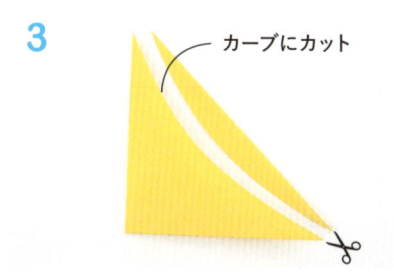

カーブにカット

開いている側を適当にカーブにカットする。

4

カーブに沿って4本切り込みを入れる。

5

広げる。

6

①と⑦を中表に貼り合わせる（下図参照）。

7

裏に返し、②と⑧を外表に貼り合わせる。

8

同様にして、再度表に返して③と⑤を、裏に返して④と⑥を貼り合わせたらできあがり。

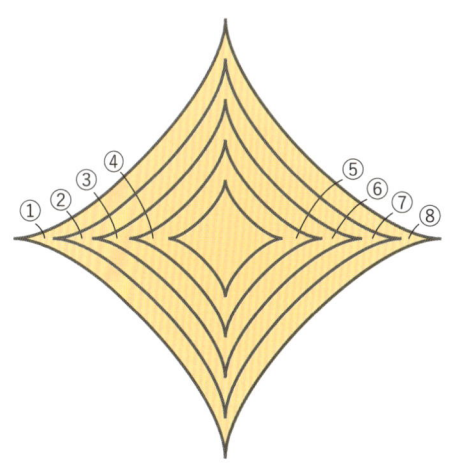

あみ飾り

丸く切った折り紙に切り込みを入れて
貼るだけでできあがる、
かごのような、透け感のかわいあみ飾りです。
中に鈴に見立てた丸いパーツを入れると、
涼しげなモビールに。
七夕はもちろん、夏のインテリアにも。
簡単ですが、面白い形に仕上がるので、
お子様の工作にもぴったりです。

［型紙］…P.81

【材料】（1個分）
- 折り紙（あみ用）…1枚
- 画用紙（球用）…10 × 10 cm

1

P.81を参照して円を準備する。

2

つなげる

P.6を参照して6等分に折り、左から3本、右から4本カーブの線を書く（一番内側はつなげる）。

3

切り落とす

印の通りに切り込みを入れる。一番内側は切り落とす。

4

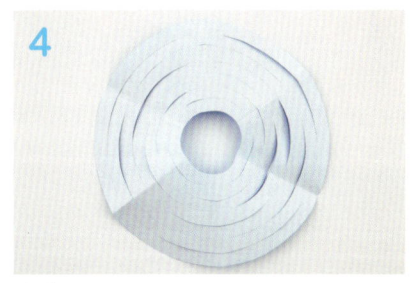

広げる。

5

貼る

一番外側の折り目3か所を中心に集めて貼り合わせる。

6

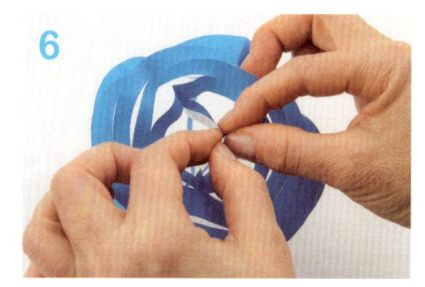

表側に返して、一番内側の折り目3か所を中心に集めて貼り合わせる。しっかりと切れ目を伸ばして、形を整えたらできあがり。

7

A〜C

中の球を作る。丸い紙を3枚準備し、二つ折りにする。

8

B

Bの折り目に接着剤を塗る。

9

A

Aの折り目に合わせて貼り合わせる。

10

A

B

C

同様にCの折り目に接着剤を塗り、Aの折り目に合わせて裏側から貼る。

11

どれか一辺に薄く接着剤を塗り、糸を貼り付ける。

12

球をあみ飾りの中入れ、糸をあみの上部に結んだらできあがり。

ひまわり

元気いっぱいな、大きなひまわりを
夏のお部屋に飾りましょう。
お好みの紙でアレンジしても楽しく作れます。
みんなで力を合わせて
花びらを作るのも楽しいですね。
花の中心のデザインは2種類ありますので、
お好きな方で作ってみてください。
［型紙］…P.81、85

【作り方 YouTube】

【材料】（各1個分）

【花びら、土台】
- B4 画用紙 … 2 枚
- 花中心 … 直径 14 cm
- 模様折り紙 … 1 枚

【中心（A パターン）】
- 中心土台 … 18 × 6 cm

【中心（B パターン）】
- 花中心 … 直径 14 cm × 3 枚

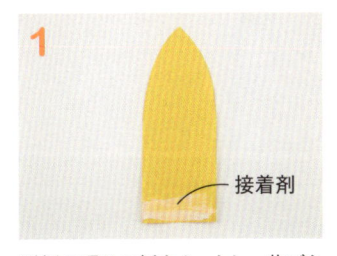

1 型紙の通りに紙をカットし、花びらを 24 枚用意する。下端に接着剤を塗る。

2 両側から花びらを折り、少し潰すようにしながら貼り合わせる。

3 土台に 4 枚貼る。

4 その間に 2 枚ずつ花びらを貼る。

中心（Aパターン）

5 少し内側に、さらに一周 12 枚の花びらを貼る。

6 花中心の上に好みの模様折り紙を貼る。

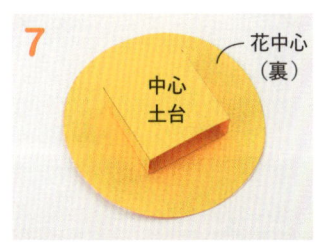

7 P.85 を参照して中心土台を作り、花中心の裏側に貼る。

8 中心土台に接着剤を塗り、土台に貼ったら A パターンのできあがり。

中心（Bパターン）

9 型紙の通りに紙をカットする。

10 3 枚のうち 1 枚のみ中心に少し深く切り込みを入れる。この花を最後に貼る。

11 3 枚とも花びらの両側は外側向きに、中心は内側に向けて軽くカールさせる。

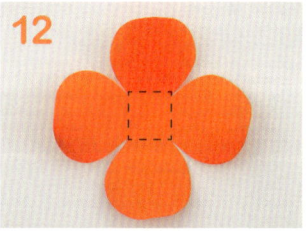

12 花びらを切れ目で軽く内側に折り、中心に四角のくぼみを作る。他の 2 枚も同様にする。

13 裏側の四角部分に接着剤を塗る。

14 花びらが重ならないようにし、中心を合わせて貼る。

15 深く切り込みを入れた花を貼る。

16 裏側の四角部分に接着剤を塗り、土台に貼ったら、B パターンのできあがり。

スイカ

夏の気分を盛り上げてくれる、
おいしそうなスイカを作りましょう。
実を6個って網に入れると、
まん丸スイカのできあがり。
切って貼るだけなので、
夏休みの工作にもぴったりな作品です。

［型紙］…P.81、P.85

【材料】
- 実 … 赤の画用紙
- 皮 … 緑の画用紙
- 模様、種 … 黒の画用紙
- あみ … 直径 16cm

1 実　皮　模様　種

型紙の通りに紙を切って準備する。

2

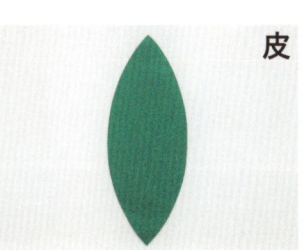

実を二つ折りにする。

3

好みのバランスで種を貼る。

4

皮に模様を貼る。

5

皮をしっかりとカールさせる。

6

皮の縁に接着剤を塗る。

7

皮を横に寝かせて、実を差し込むようにして貼り合わせる。

8

○の三か所が貼り合わせられていればOK。

9

ぴったり合わず、皮の方が余っていても大丈夫。

10

飛び出ている皮をカットする。

11

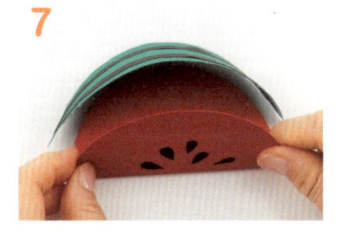

実と皮がきれいに揃ったらできあがり。1玉にする時はあと5個作る。

12

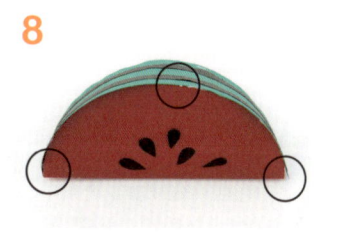

網の作り方は P.49 の **1〜4** を参照。ただし切り込みは左右から各4本ずつ入れる。

あさがお

壁面飾りにぴったりなあさがお。
少し円錐形に仕上がるので、
上品な雰囲気で飾れます。
色とりどりな紙で作って、
壁面を爽やかに飾りましょう。
[型紙]…P.81、P.85、86

【材料】
- 花外側 … 好みの色の画用紙、折り紙
- 花内側 … 白の紙
- ガク、つる、葉 … 緑の画用紙

1

花を作る。花外側は、型紙の通りにカットする。

2

花内側も型紙の通りにカットする。

3

のり

花外側の内側の縁に沿ってのりを塗る。

4

花内側を重ねて貼る。こちらが裏側になる。

5

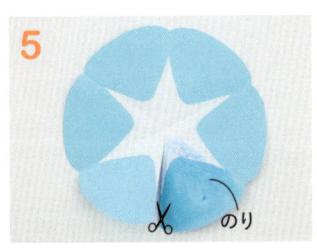

のり

一辺に切り込みを入れ、花びら1枚にのりを塗る。

6

隣り合う花びらを重ねて貼り合わせ、花びらを5枚にする。

7

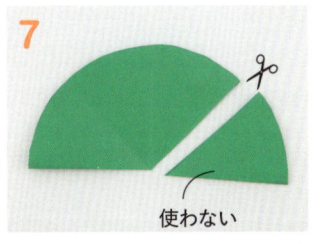

使わない

ガクを作る。15cmの円を用意し、P.6を参照して8等分の折り目をつけてから二つ折りの状態で1/4をカットする。

8

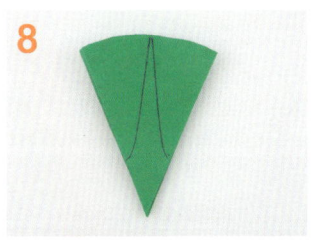

もう一度折り目で折って、型紙の通りに印をつける。

9

カットする。

10

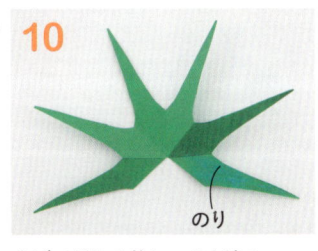

のり

広げてガク1枚にのりを塗る。

11

隣り合うガクを貼り合わせ、ガクを5枚にする。

12

ガクを外向きにカールさせる（P.7参照）。

13

ガクの内側に接着剤を塗る。

14

花に裏側にかぶせるようにしてガクを貼る。花内側と重ならないように配置する。

15

葉は型紙の通りにカットする。

16

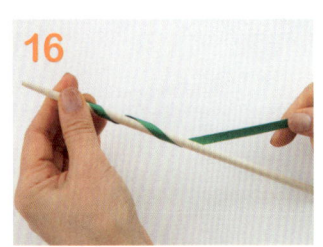

つるは画用紙を長細くカットし、箸に巻き付けてくせをつける。

コスモスと赤とんぼ

秋の気配を感じたら、
コスモスや赤とんぼを準備しましょう。
大きなモチーフで、
壁を華やかに飾ってくれます。
コスモスの中心は、
簡単に作れるタイプと、
ビニールテープを使った
リアルなタイプをご紹介します。
［作り方］…P.58　［型紙］…P.81

ふくろうの
メッセージカード

長寿のモチーフでもある
かわいいふくろうを
カードにしました。
型紙通りに切って貼るだけなので、
どなたでも簡単に作れます。
愛らしい表情で、敬老の日の
プレゼントにもぴったりです。

［作り方］…P.59　　［型紙］…P.86

もちろん壁面飾りにも。羽を折ったりして、
表情をつけてあげるとよりかわいらしくなります。

立てて飾ることもできます。

【材料】（1個分）
【コスモス】
● 2×28cm の紙帯 … 4本
★中心（Aパターン）
● 画用紙 … 5×5cm

★中心（Bパターン）
● ビニールひも … 適宜
【赤とんぼ】
● 2×15cm の紙帯
　…A色1本（体）、B色4本（羽）

【作り方 YouTube】

コスモスと赤とんぼ

1 コスモスの花は、2×28cm の紙帯を4本用意する。折り紙を使う時は、1枚を八等分して、貼り合わせて使うとよい。

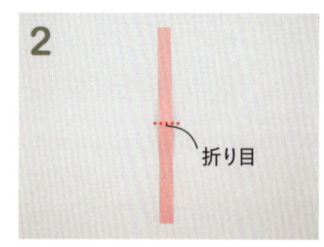

2 中心で二つ折りにし、折り目をつける。

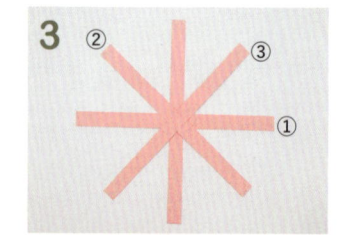

3 まず十字に1本貼り、次にその間に2本をクロスして貼る。

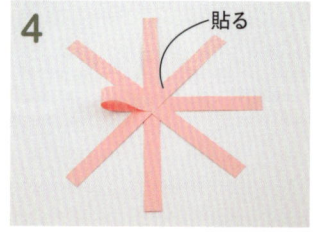

4 中心に向かって曲げ、接着剤で貼る。

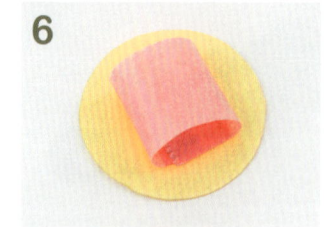

5 同様にして、すべての帯を中心に貼る。

中心（Aパターン）

6 花の中心の裏側にマスキングテープなどを輪にして貼る。

7 花の中心に貼ったらできあがり。

中心（Bパターン）

8 20cm にカットしたビニールひもを6〜8本程度に裂いておく。

9 ボックスティッシュにビニールひもを20回程度巻き、8のひも1本で一か所を結んで留める。

10 ボックスティッシュからはずし、結び目が中心になるようしてから両端をカットする。ビニールひもをできるだけ細かく裂く。

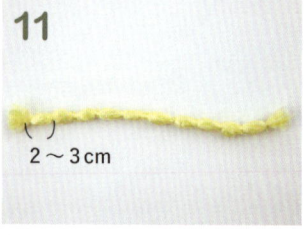

11 8で裂いたひもを使って、10の束を2〜3cm 間隔で束ねる。

12 結び目の少し上でカットする。

13 適度に指で広げて、形を整える。

14 花の中心に接着剤を塗り、13を貼り付けたらできあがり。

赤とんぼ

15 2×15cm の紙の帯を5本用意する。1本は体、4本は羽になる。

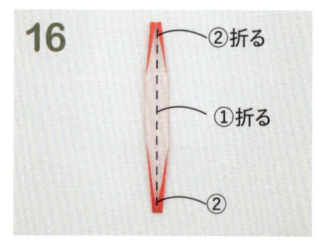

16 体を作る。たて半分に軽く折って折り目をつけ、左右の角を折り目に向かって折る。

17

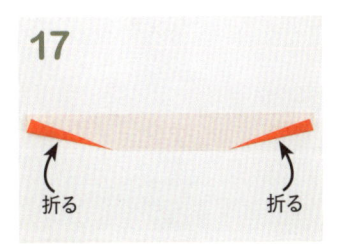

折る　　　　折る

羽を作る。長辺の一辺の両角を適当に内側に折る。

18

貼る

折り目をつけず二つ折りにし、端を貼り合わせる。

19

★

体の端ぎりぎりのところに折り込んだ側を下にして羽を4枚貼る。

20

貼る　　★

上から体を折り返して、体と羽を貼り合わせる。

ふくろうのメッセージカード

【材料】（1羽分）
● 顔外側、内側用 … 20 × 15 cm
● 羽、額用 … 20 × 15 cm
● 目・くちばし、模様用 … 適宜

【作り方 YouTube】

1

顔外側に目、くちばし、模様を貼る。

2

顔内側に目、くちばし、額を貼る。メッセージを書く時は、こちらに書く。

3

羽（表）

顔外側

顔外側に羽を貼り合わせる。

4

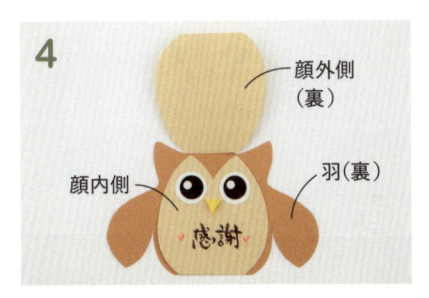

顔外側（裏）

顔内側　　羽（裏）

羽の裏側に顔内側を貼る。

5

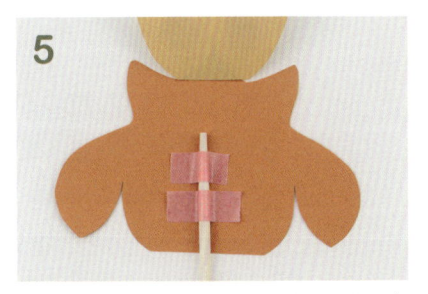

棒を貼る時は、羽の裏側に顔内側を貼らず、マスキングテープなどで棒を貼る。

6

顔外側にのりを塗り、羽と貼り合わせたらできあがり。

ぶどう

コロンと丸い大粒のぶどう。
甘い香りがただよってくるようです。
ティッシュペーパーをコロコロ丸めたり
紙をねじったりと、指先から手のひらまで、
全体を使って楽しく作業できるのも魅力的です。
ひと房テーブルに置いてあるだけでも、
ぐっと実りの秋をおしゃれに演出してくれます。

[型紙]…P.86

【材料】（1 房分）

- 茶色のお花紙 … 1 枚
- 紫色のお花紙 … 4 枚程度
- ボックスティッシュ
- 輪ゴム

- 葉 … 色画用紙

1

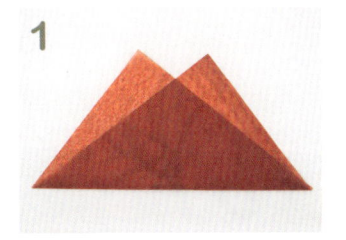

軸を作る。お花紙を対角線で二つ折りにする。

2

折り山の方から細くなるように折りたたんでいく。

3

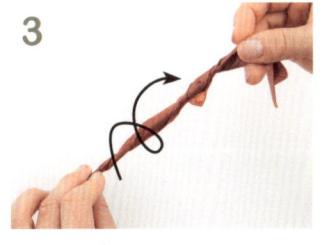

くるくるとねじる。

4

二つ折りにすると、**3** と逆方向に自然とねじられるので、そのままぎゅっぎゅっとしっかりねじる。

5

実を作る。お花紙を四等分にカットする。

6

ティッシュペーパー 2 枚を手のひらで丸める。

7

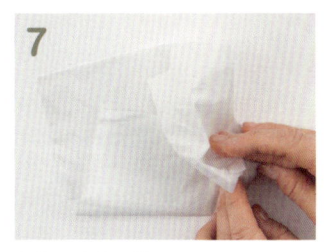

さらにもう 1 枚のティッシュペーパーで **6** をきれいに包む。

8

きれいに包めたところ

9

このきれいに包めている側を下にし、お花紙 1 枚で包む。

10

もう 1 枚のお花紙の上に **9** を置いて四つ角を持ち上げて包み、輪ゴムで留める。

11

実の先に接着剤をたっぷり塗り、軸に貼っていく。

12

最初に軸の先端に 1 粒貼り付ける。

13

あとはバランスを見ながら、下から上に向かって貼り付けていく。

14

大体 16 粒程度で、ひと房のできあがり。

15

葉は型紙の通りにカットし、切り込みの周囲に接着剤を塗る。

16

切り込みを開いて軸をはさみ、貼り合わせる。

ハロウィンの ガーランド

トリック・オア・トリート！
ハロウィンの気分を盛り上げてくれる、
かわいらしいモチーフです。
紙の帯を折ってホチキスで留めるだけ！
たくさんモチーフを作ったら、
リボンにずらっと並べて飾りましょう。

かぼちゃ	コウモリ	おばけ	月

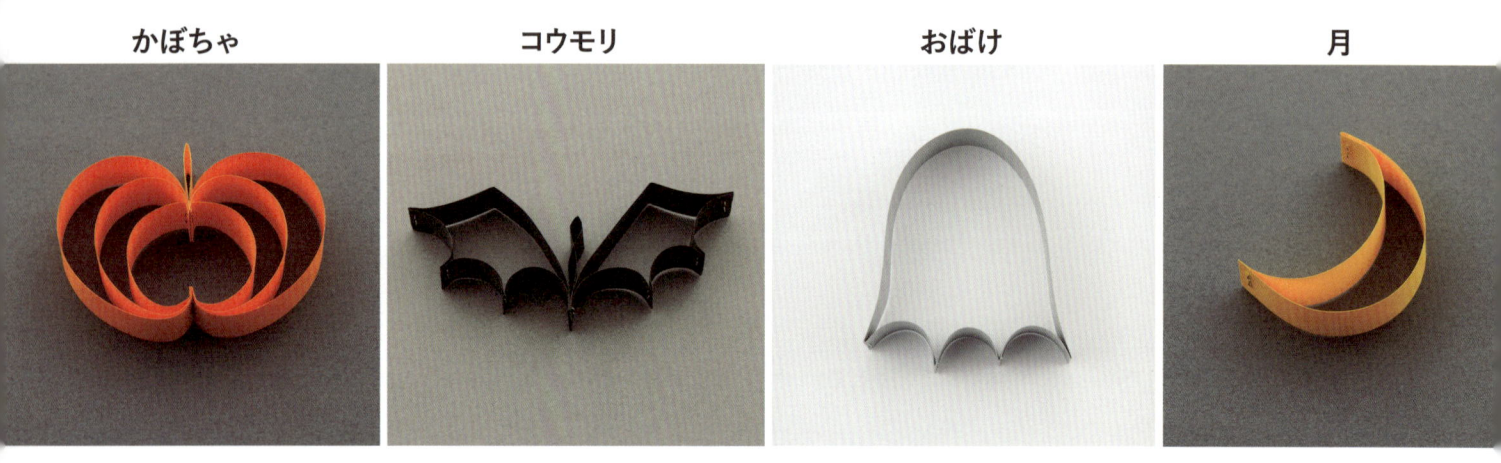

【作り方 YouTube】

【材料】

【かぼちゃ】
- ①…2×8cm の紙帯 2枚
- ②…2×12cm の紙帯 2枚
- ③…2×16cm の紙帯 2枚
- ヘタ…2×6cm の紙帯 1枚

【コウモリ】
- 羽…2×24cm の紙帯 2枚
- 体…2×9cm の紙帯 1枚

【おばけ】
- 2×24cm の紙帯 1枚

【月】
- 2×24cm の紙帯 1枚

※星は P.43

かぼちゃ

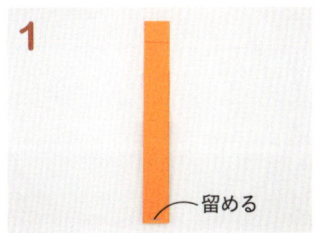

1
下から①→②→③→ヘタ（二つ折りにする）→③→②→①の順で重ねて下端をホチキスで留める。

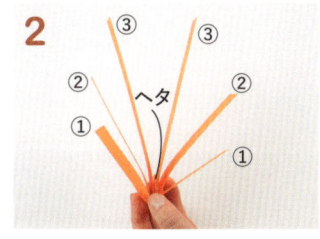

2
横から見たところ。

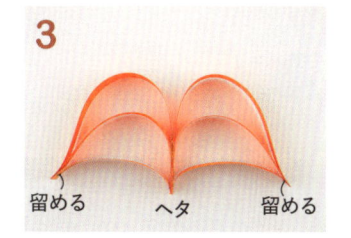

3
ヘタをはさんで①、②、③の上端を揃え、ホチキスで留める。

4
両端を中心に持ってきて重ね、紙端をひっぱり出してホチキスで留める。

5
形を整えてできあがり。

コウモリ

6
下図を参照して紙の帯に折り目をつける。まず羽の折り目と折り目の間をカールさせる。

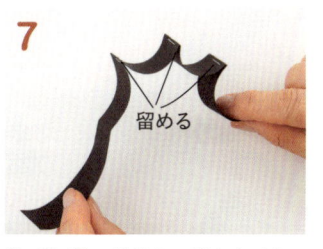

7
①、②、③の折り山の際をホチキスで留める。2個作る。

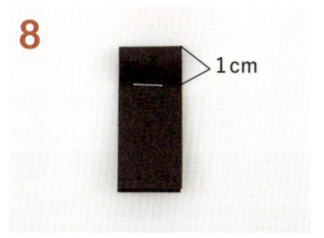

8
体は二つ折りにし、折り山から1cm くらいのところをホチキスで留める。

おばけ

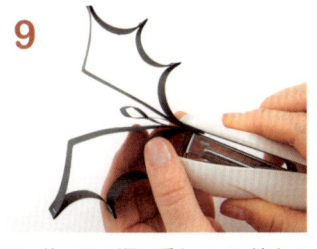

9
羽、体、羽の順で重ねて、下端をホチキスで留めたらできあがり。

10
下図を参照して紙の帯に折り目をつける。まず折り目と折り目の間をカールさせる。

11
すべての折り山の際をホチキスで留める。

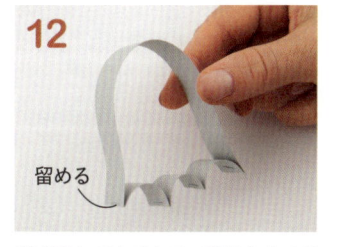

12
端を重ねてホチキスで留めたらできあがり。

月

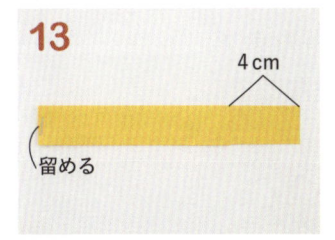

13
4cm ずらして紙の帯を二つ折りにし、折り山の際をホチキスで留める。

14
短い方を上にして、全体をカールする。

15
端を重ねてホチキスで留めたらできあがり。

【コウモリの準備】

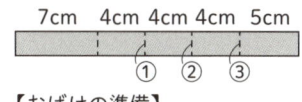

7cm　4cm　4cm　4cm　5cm
①　②　③

【おばけの準備】

15cm　3cm　3cm　3cm

63

ジャック・オ・ランタン

くるっと丸めた紙を貼って作る、
ジャック・オ・ランタンの飾りです。
壁面用と、置いて飾れる置物用を
デザインしてみました。
作る過程が楽しい作品なので、
ぜひレクリエーションなどで
わいわいしながら
作っていただきたいです。
［型紙］…P.87

【材料】
● かぼちゃ … オレンジの画用紙
● ヘタ … 緑の画用紙
● 目、口 … 黒の画用紙

1

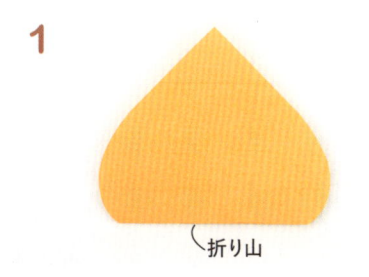

折り山

型紙の通りに紙をカットする。

2

折り山側に接着剤を塗り、重ねて貼る。

3

5 枚同様に貼る。

4

紙の端に接着剤を塗る。

5

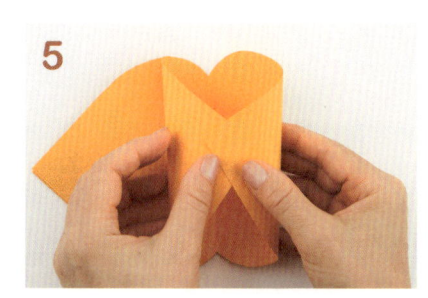

両側から丸めて、中心で貼り合わせる。

6

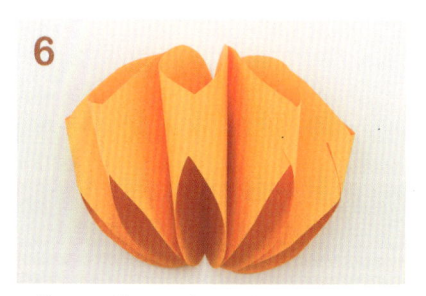

5 枚とも同様にして丸めて貼っていく。

7

裏側にヘタを貼る。

8

好みのバランスで顔を貼ったらできあがり。

置き飾りにする場合

9

置き飾りにする場合は、4 枚重ねて貼ったパーツを 2 個用意する。そのあとは **4 ～ 7** と同じ手順で作る（ヘタは 1 個に貼る）。

10

裏側に接着剤を塗る。

11

2 個を貼り合わせる。顔のパーツを貼り付けて、できあがり。

12

おばけは型紙の通りにカットして貼り合わせ、コウモリも型紙の通りにカットしたらできあがり。

65

柿

赤く色づいた柿は、豊かな秋の風景のひとつ。
並べて飾ってもかわいらしいですし、
ぶどうと一緒に飾ったりしても、より深まる秋を感じられそうです。
ここでは折り紙を使いましたが、もちろん画用紙で作っても。

【材料】
● 実 … 折り紙 1 枚
● ヘタ … 折り紙 1 枚
● ひも

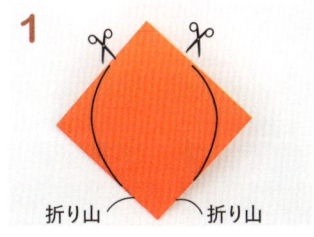

1 実を作る。折り紙を二つ折り→二つ折りにし、開いている方を上にして両側をカーブに切り落とす。

折り山　折り山

2 開いて、中心からそれぞれ 1cm 程度のところまで切り込みを入れる。

3 内側にカールする（P.7 参照）。

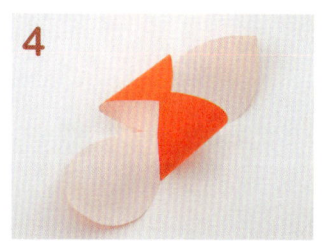

4 先端に接着剤を塗り、対角線同士を貼り合わせる。

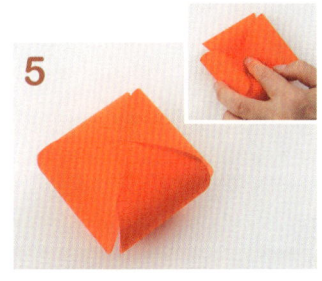

5 もう一組の角も同様に貼り合わせる。中心を押しつぶしても、元に戻るので大丈夫。しっかり貼り合わせる。

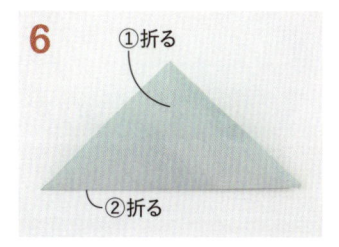

6 ヘタを作る。折り紙を四等分にカットし、中表に対角線で折り目をつける。

①折る
②折る

7 開いて、外表に二つ折り→二つ折りにする。

①折る
②折る

8 開いてる方を上にして両側をカーブに切り落とす。

折り山　折り山

9 開いて、中心の折り目を谷折りに折り直す（色のついている面の折り目はすべて谷折りにする）。

谷折り

10 ヘタ 1 枚を切れ目で内側に折り、両側の葉の中心線を目安にして折り返す。

11 他の 3 枚も同様に折り、ヘタの中心に四角形のへこみを作る。

12 四角の裏側に接着剤を塗る。

13 実の中心に貼る。

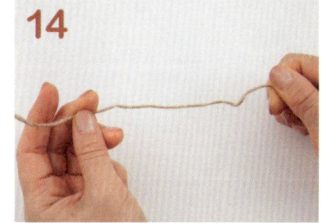

14 吊って飾る時は、適当な長さにカットしたひもを、撚りの方向にきつく巻く。

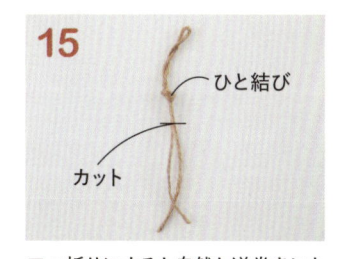

15 二つ折りにすると自然と逆巻きになるのでそのまま少し巻き足し、好みの長さでひと結びして結び目の際でカットする。

ひと結び
カット

16 ひもに接着剤をつけ、ヘタの中心に貼り付けたらできあがり。

折り紙で作る
もみじといちょう

折り紙で作る
もみじといちょうの葉。
もみじは、葉の長さを整えるのに、
ちょっとした手間をかけるので、
よい頭の体操にもなります。
薄い色から濃い色へのグ
ラデーションになるように
壁面を飾っても素敵ですね。

【材料】　【もみじ】　　【いちょう】
　　　　● 折り紙 1 枚　● 折り紙 2 枚

もみじ

1

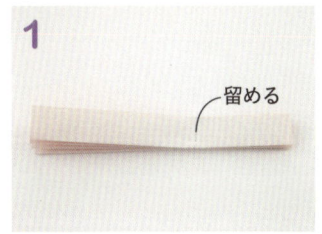

P.7 を参照して 8 等分の蛇腹折りにする。この時、表面を上にして一番端の折り線が谷折りになるように折る。ホチキスに差し込んで、留める。

2

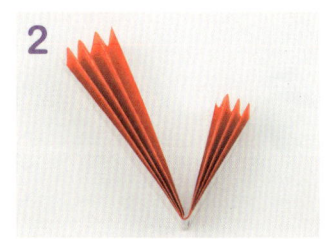

ホチキスの位置で二つに折る。この時左右に差がありすぎるようなら、バランスを見て長い方を適当にカットする。

3

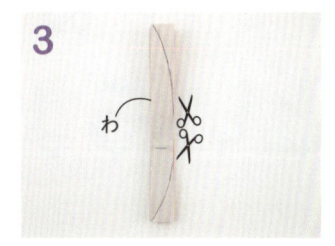

左側の一番手前がわになる向きで置き、角をカーブにカットする。先端は鋭角にカットするともみじらしく仕上がる。

4

全ての葉を開き、長 3 枚、中 2 枚、短 2 枚、軸になるように調整していく。

5

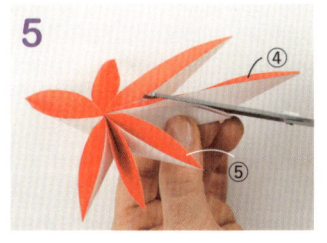

⑤の長さに合わせて④をカットする。

6

④と⑧が同寸になった（中）。

7

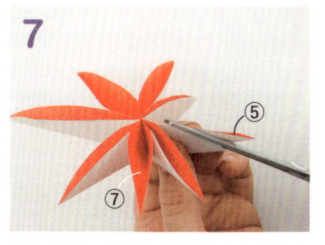

⑤と⑦を、④と⑧よりも少し短くなるよう、適当にカットする。

8

カットできたところ。

いちょう

9

離れている葉同士を貼り合わせ、折り山を少し潰すようにして葉を開き、形を整える。

10

軸に切り込みを入れる。

11

切り込みで軸を外側に折り返したらできあがり。

12

P.7 を参照して（折り紙の色のついた面を表にして折りはじめる）16 等分の蛇腹折りにした紙を 2 本用意し、好みの長さにカット。手でカーブさせる。

13

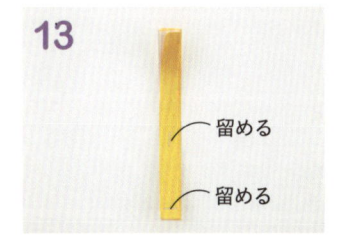

中心より少し下と、下端をホチキスで留める。

14

カーブさせたふくらみ辺りに接着剤を塗る。

15

カーブが反対向きになるようにして貼り合わせる。

16

蛇腹を開いてできあがり。軸をカールさせたりして、雰囲気をつけるとよい。

画用紙で作る もみじといちょう

紙の帯で作るもみじといちょうです。
繊細な仕上がりで、切り絵のような
美しいシルエットを楽しめます。
置いたり、吊るしたりと楽しみ方もいろいろ。
作り方も簡単なので、秋の夜長のおともに。

【作り方 YouTube】

【材料】

【もみじ】
- A…2×17cmの紙帯2本
- B…2×22cmの紙帯2本
- C…2×25cmの紙帯2本
- D…2×27cmの紙帯1本
- 軸…2×8cmの紙帯1本

【いちょう】
- 2×18cmの紙帯…7本
- 2×12cmの紙帯…1本

もみじ

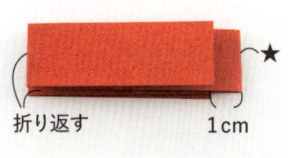

1

二つ折りにしたあと、わから1cm手前まで折り返す。

2

★の折り山で逆向きに折り返し、端に接着剤を塗り、貼り合わせる。こちらが根元になる。

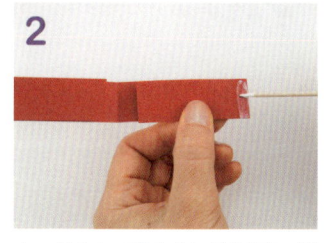

3

8cmの帯以外すべて同様にする。

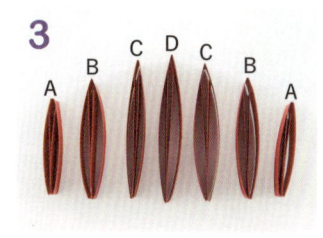

4

根元から1/3くらいまで接着剤を塗る。

5

A→B→C→D→C→B→Aの順で貼り合わせる。

6

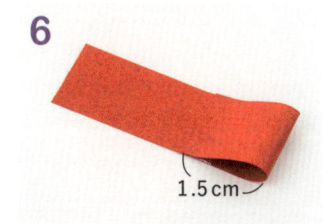

8cmの帯の片側に接着剤を塗り、1.5cm程度ふんわり折って貼る。全体を手でカーブさせる。

7

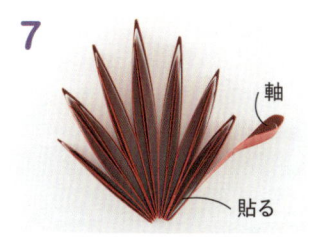

一番右端の葉に端を合わせて軸を貼る。

8

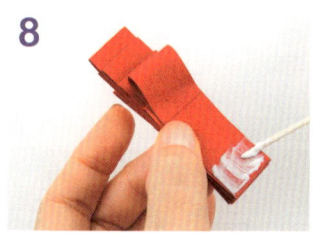

軸に接着剤を塗る。

いちょう

9

葉を開いて、軸と一番左端の葉を貼り合わせてできあがり。

10

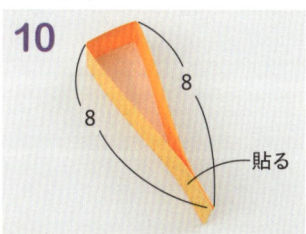

12cmの帯以外、端から8cmのところで両側を折って下端を貼り合わせる。

11

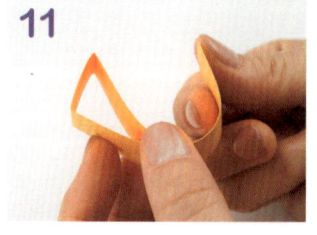

軽くカーブさせる。

12

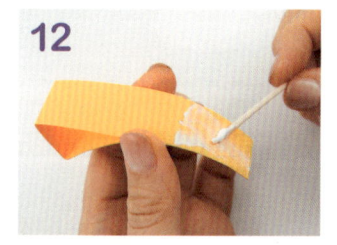

根元に接着剤を塗る。

13

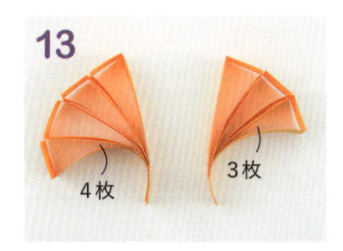

上端がきれいにつながるように並べて貼り合わせる。3枚と4枚のパーツを作る。

14

根元に接着剤を塗り、2つを貼り合わせる。

15

12cmの帯に、中心を除いて接着剤を塗る。

16

軸の中心に折り目がつかないよう、ふんわりと二つ折りにし、葉のパーツをはさんで貼り合わせたらできあがり。

71

菊（二種類）

模様折り紙を使った菊と、紙の帯で作る菊、
二種類をご紹介します。
きれいな模様、かわいい模様、
お好きな紙で作ってみてくださいね。
紙の帯で作るタイプはとっても簡単。
吊るす時は P.15 のワンポイントを
参考にしてみてください。

［型紙］…P.81

【作り方 YouTube】

【材料】

【模様折り紙の菊】
- 模様折り紙 … 2 枚
- 花中心 … 直径 3cm の円
- ひも … 適宜

【紙帯の菊】
- 1.5×15cm の紙帯 … 12 枚
- 花中心 … 直径 3cm の円

千代紙の菊

1

16 枚の花びらの菊を作る。模様折り紙を横半分に折る。

2

開いて、今度は縦半分に折る。

3

再度開いて中心に向かって両側から折り、そのまま二つ折りにする。

4

角をカーブにカットする。

5

谷折り

一度開いて、中心のあたりを谷折りにしながらつまんでいく。

6

つまめたところ。

7

同じものをもう 1 個作る。

8

2 個の中心をひもで束ねる。ひもは裏側で結び、余分はカットする。

9

境目の花びらを貼り合わせる。

10

花中心を貼ったら、できあがり。

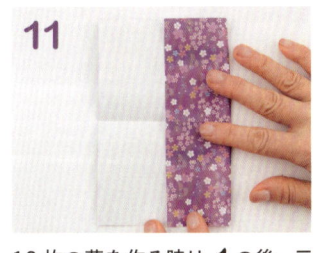

11

12 枚の菊を作る時は、**1** の後、三等分になるように折る。

12

三等分にしたところ。そのあとは同じ。

紙の帯の菊

13

紙の帯の菊を作る。端に接着剤を塗る。

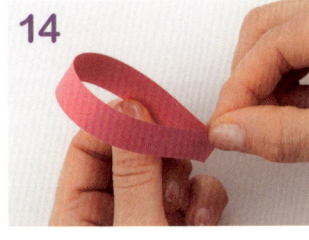

14

端を貼り合わせる。12 本とも同様にする。

15

花びらの側面に接着剤を塗る。

16

12 枚を貼り合わせ、花中心を貼り付けたらできあがり（P.15 の **5**、**6** 参照）。

立体の星

四角い紙二枚で作れる、
立体的な星のモチーフです。
どんな大きさの紙でも作り方は同じなので、
大きな星、小さな星、色々なサイズで作って、
楽しんでください。

【作り方 YouTube】

1

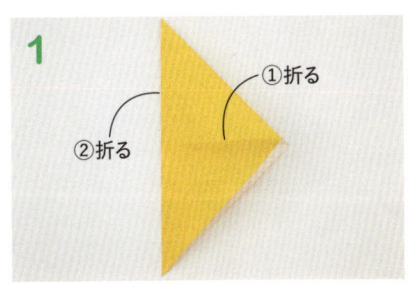

対角線に折り目をつける。

2

中表にして、半分に折る。

3

さらに半分に折る。

4

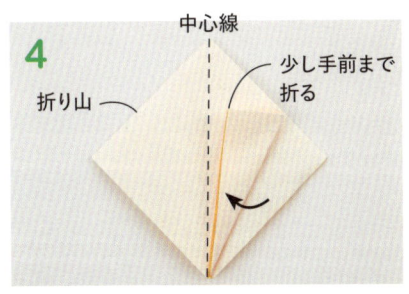

折り山が上になるように置き、片側の角を中心線の少しだけ手前まで折る。

5

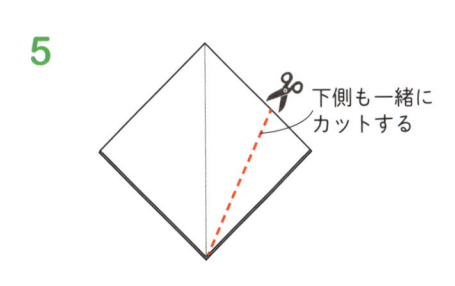

開いて、折り目で下側も一緒にカットする。

6

カットしたところ。

7

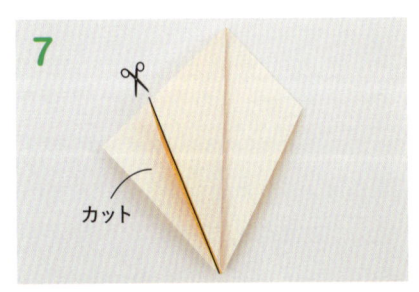

上の三角部分1枚を左側にぱたんと倒し、飛び出ている部分をカットする。同じものをもう1個用意する。

8

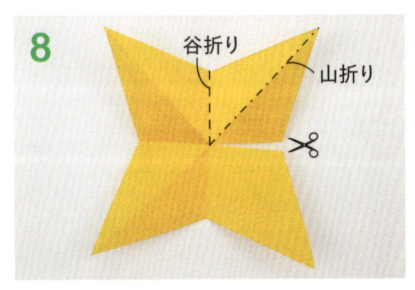

広げたら、長い辺を山折り、短い辺を谷折りにし、しっかりと折り目をつける。1個は中心まで切り込みを入れる。

9

もう1個は中心で切り分ける。

10

左側のパーツが上になるように、☆同士、★同士を貼り合わせる。

11

中心に隙間ができないよう、ぴったりと重ねると仕上がりがきれい。

吊って飾る時は、星の折り線にはさみで切り込みを入れ、糸をひっかければ OK。

75

かんたんな切り紙で、
おしゃれな六角形の立体的な
雪の結晶を作ります。
コピー用紙やメモ紙、折り紙、
色画用紙など、
どんな紙でもかわいく作ることができます。
クリスマスの飾りにしたり、吊るしたり、
冬のディスプレイに最適です。
[型紙]…P.86、P.87

雪の結晶

【作り方 YouTube】

1

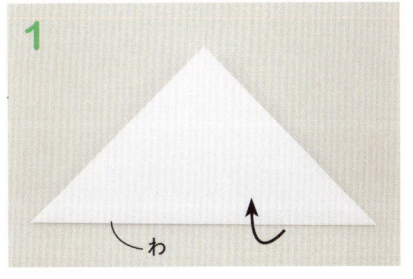

対角線で折る。

2

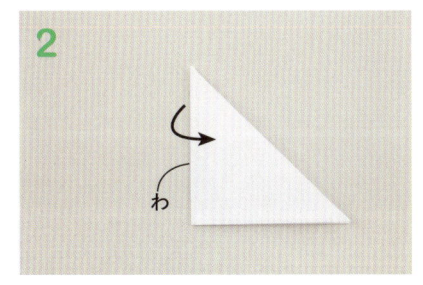

もう一度対角線で折る。

3

上の1枚を上に折り返す。

4

裏に返し、下の1枚も、上に折り返す。

5

型紙の通りにカットする。

6

開く。同じものを2枚作る。

7

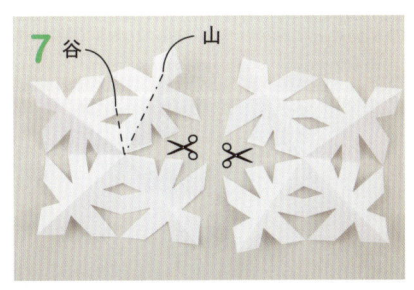

一辺をカットし、長い辺を山折り、短い辺を谷折りに折り直す。2枚とも同様にする。

8

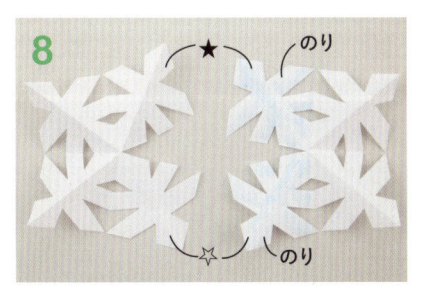

どちらか1枚の2パーツにのりを塗る。

9

折り山を揃えて2つのパーツを重ね、貼り合わせる。

ふさふさの葉が
ちょっとリアルな、
壁に飾れる紙の
クリスマスツリーです。
画用紙でも折り紙でも、
お好きな紙で作れます。
1つでもツリーに見えますが、
みなさんでたくさん作って、
大きなツリーにしても
楽しいと思います。
［型紙］…P.81

クリスマスツリー

【材料】（パーツ 1 個分）

- 土台 … 画用紙
- 葉 … 折り紙 5 枚程度
- 丸い飾り … 画用紙適宜

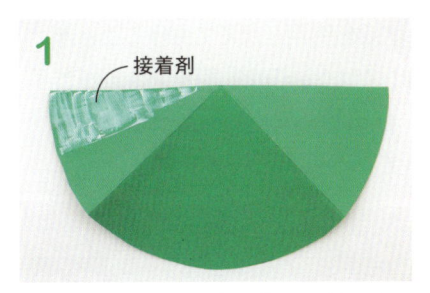

1 接着剤

土台を作る。P.81 の型紙を使って紙を用意し、指定の線で折り目をつける。端の三角形の半分に接着剤を塗る。

2

反対側の端を、のりが隠れる程度重ね、貼り合わせる。

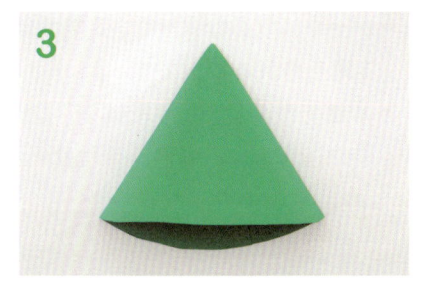

3

貼り合わせた側が平らになり、円錐を半分にカットしたような形になる。

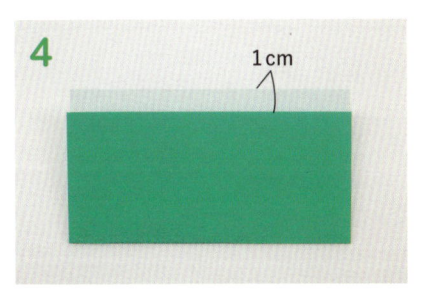

4 1cm

葉を作る。端を 1cm ずらして折り紙を二つ折りにする。

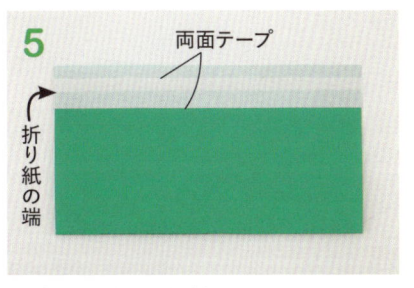

5 両面テープ
折り紙の端

手前の折り紙の端が中心になるようにして、上に両面テープを貼る。

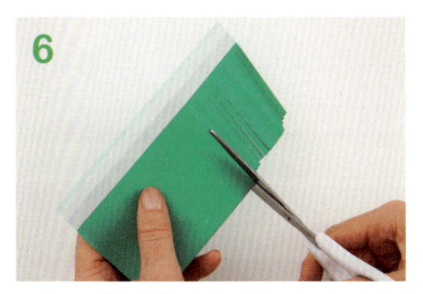

6

両面テープの手前まで切り込みを入れる。幅はばらつきがあった方が雰囲気がでるので、適当で OK。

7

外向きにカールさせる。葉は 1 つの土台に対して 5 枚程度必要なので、必要量を準備しておく。

8

両面テープをはがし、土台に貼り付ける。

9

余分をカットする。

10

カットした余分は、次の段に使用する。

11

同じように、4 段くらい葉を貼る。

12

オーナメントは P.49 のあみ飾りの中の **7** 〜 を参照。葉の 1 本にひっかけて、貼り留める。

型紙

- 型紙はすべて実物大です
- パーツに枚数が入っている場合は、
  1個を作れる枚数です
- 本誌で使用した折り紙は 15 × 15cm です
- 特に指定のない場合、単位は cm です

型紙の線

──── ── ── **わ** この線で左右対称にして
カットする

– – – – – – – – **谷折り**

–·–·–·–·–·– **山折り**

················· **折り線**

 **のりしろ**

型紙の使い方

1

型紙を紙に写し、適当な大きさにカットします。

2

マスキングテープなど、はがしやすいテープで使用する紙に留めます。

3

図案の線に沿ってパーツをカットします。

円の型紙

本誌に掲載した作品に使用した円のサイズは以下の通りです。ただし、円のサイズはこの限りではなく、型紙を使用しなくても作ることができます（詳しくは YouTube チャンネルをご参考ください）。お好みのサイズで作品づくりを楽しんでみてくださいね。

ページ	作品名	使用したサイズ
P.10	椿の吊るし飾り	14cm
P.12	門松	5cm
P.14	梅の吊るし飾り	12cm、(花中心) 3cm
P.16	梅とうぐいす	12cm
P.22	たんぽぽと蝶	花（大）12cm、花（中）10cm、花（小）8cm
P.26	桜のディスプレイ	12cm
P.30	桜の立体カード	8cm
P.36	母の日のカード	12cm
P.48	あみ飾り	15cm、(球) 3cm
P.50	ひまわり（土台、花中心 A、B)	14cm
P.52	スイカ	10cm、(あみ) 16cm
P.54	あさがお	15cm
P.56	コスモスととんぼ	3cm
P.72	菊	3cm
P.78	クリスマスツリー	26cm の半円、(飾り) 3cm

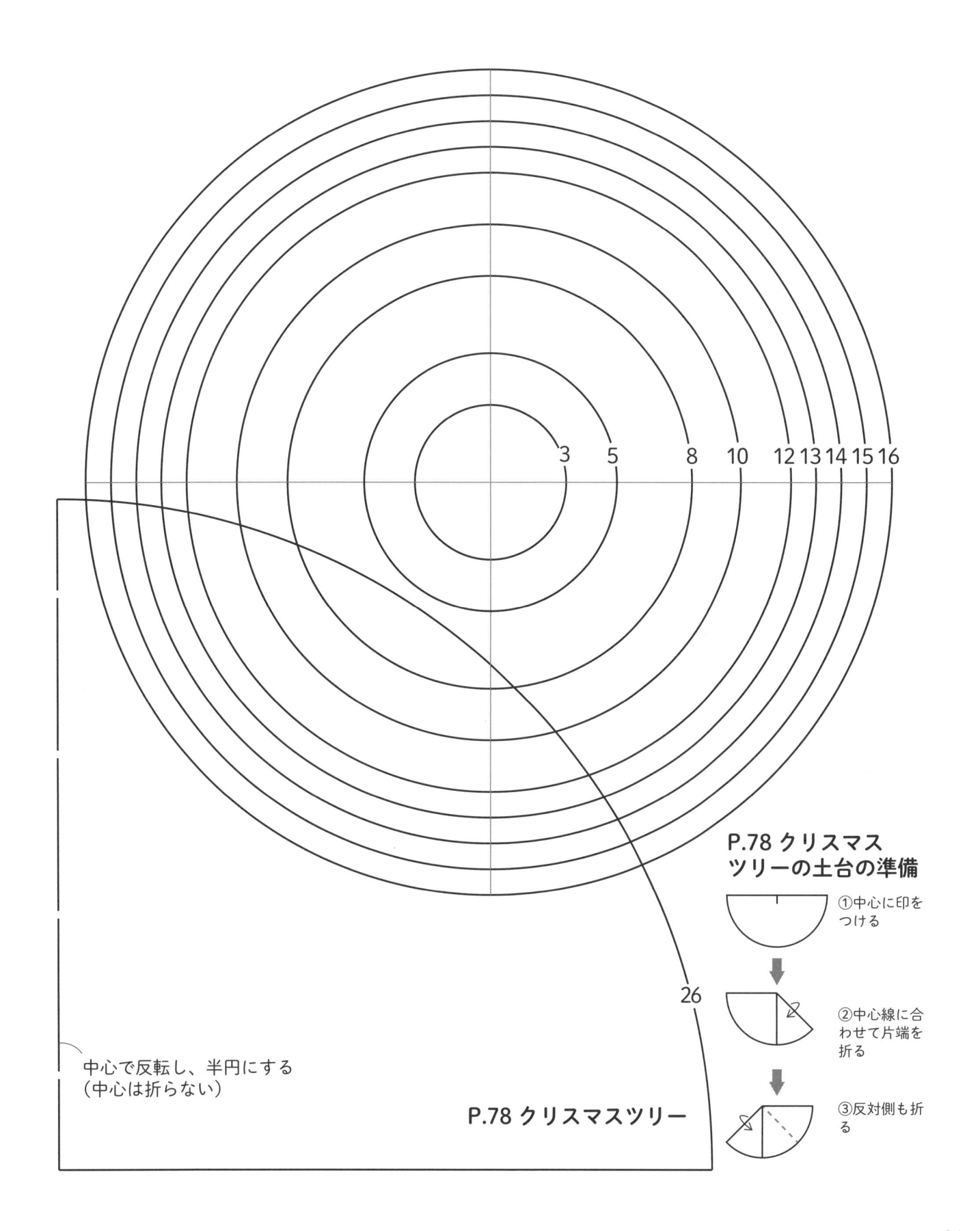

3 5 8 10 12 13 14 15 16	

**P.78 クリスマス
ツリーの土台の準備**

①中心に印を
つける

②中心線に合
わせて片端を
折る

③反対側も折
る

26

中心で反転し、半円にする
（中心は折らない）

P.78 クリスマスツリー

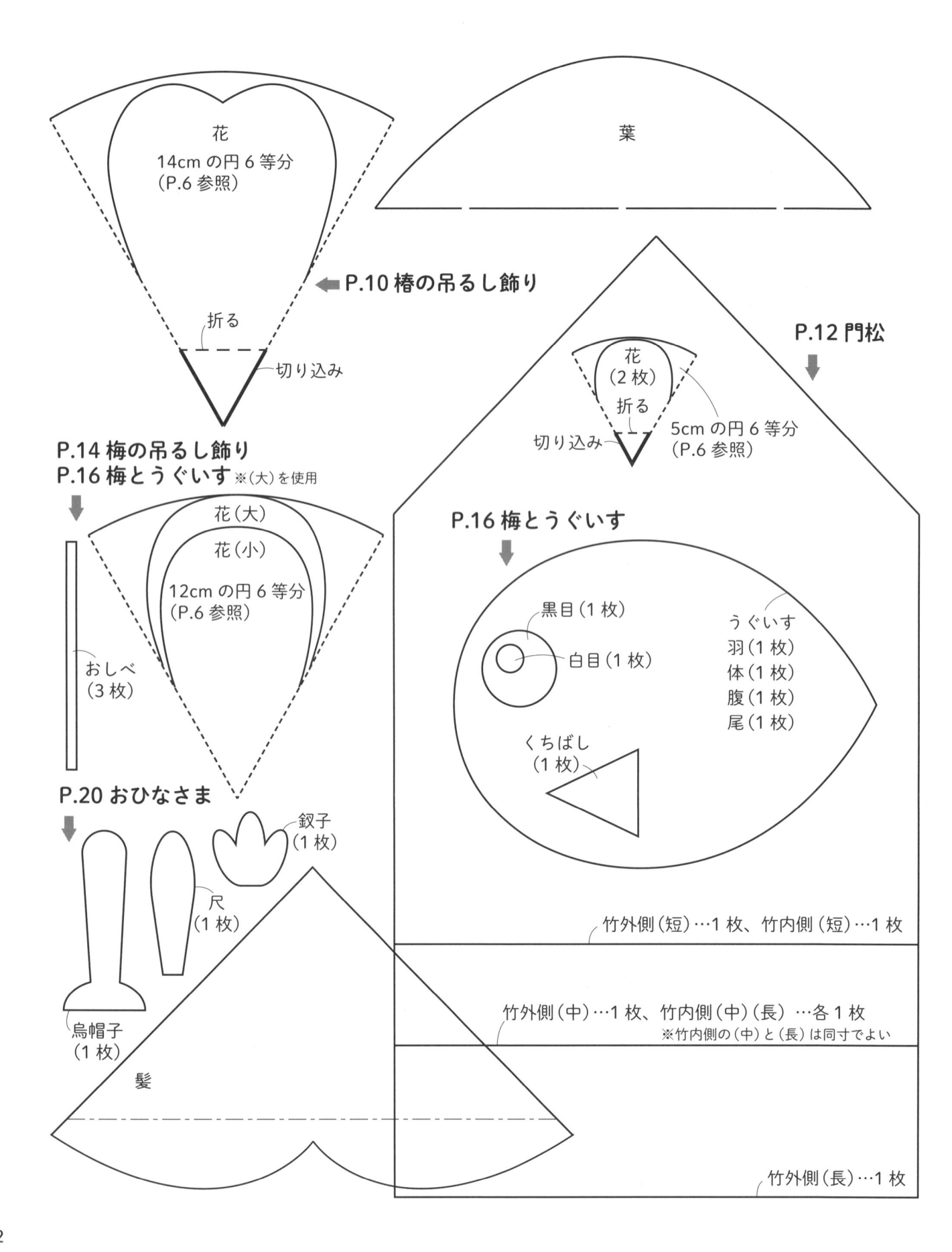

花
14cm の円 6 等分
（P.6 参照）

葉

← P.10 椿の吊るし飾り

P.12 門松

折る

切り込み

花
（2 枚）
折る

切り込み

5cm の円 6 等分
（P.6 参照）

P.14 梅の吊るし飾り
P.16 梅とうぐいす ※（大）を使用

P.16 梅とうぐいす

花（大）

花（小）

12cm の円 6 等分
（P.6 参照）

黒目（1 枚）

白目（1 枚）

うぐいす
羽（1 枚）
体（1 枚）
腹（1 枚）
尾（1 枚）

おしべ
（3 枚）

くちばし
（1 枚）

P.20 おひなさま

釵子
（1 枚）

尺
（1 枚）

竹外側（短）…1 枚、竹内側（短）…1 枚

竹外側（中）…1 枚、竹内側（中）（長）…各 1 枚
※竹内側の（中）と（長）は同寸でよい

烏帽子
（1 枚）

髪

竹外側（長）…1 枚

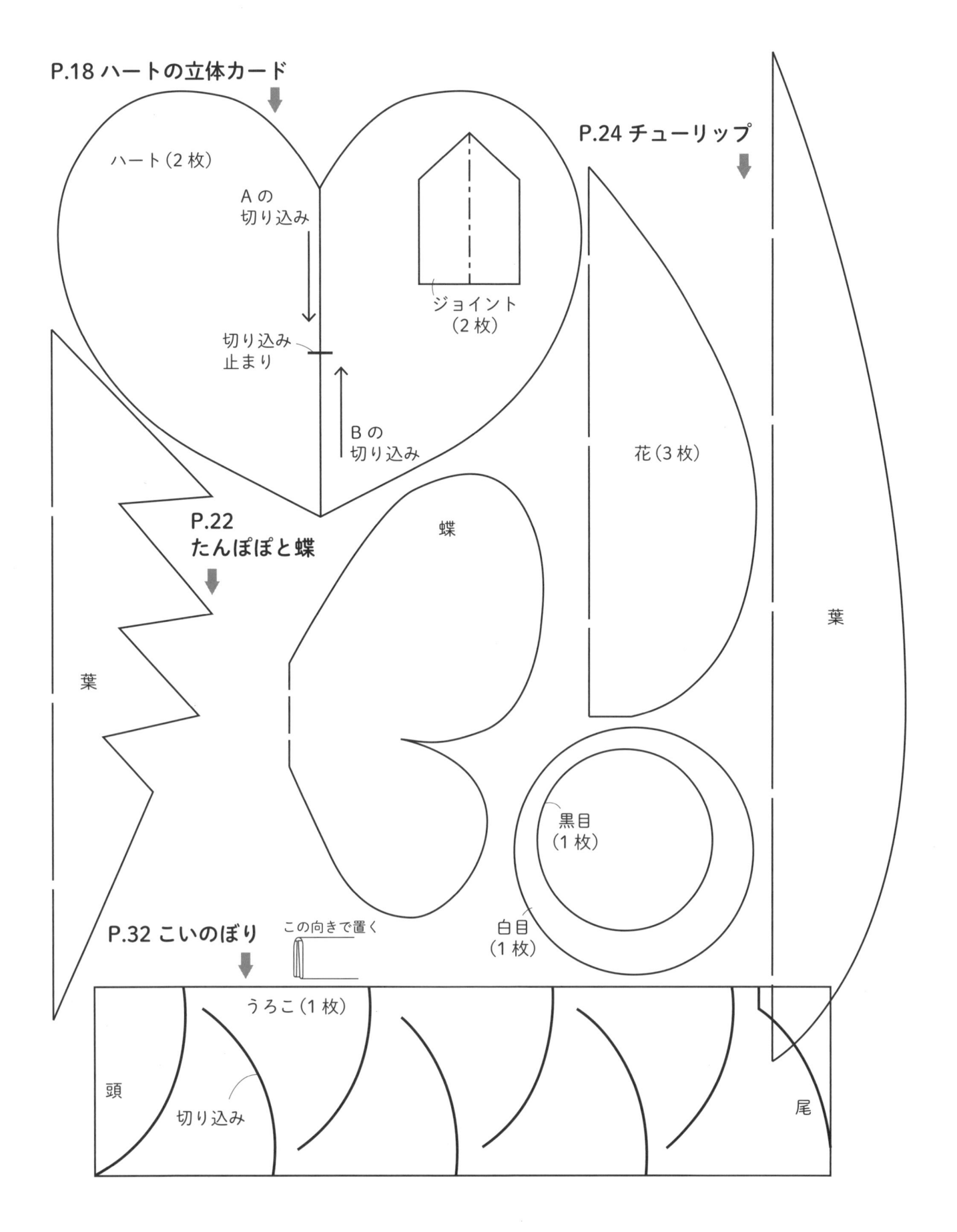

P.18 ハートの立体カード

ハート（2枚）

A の切り込み

切り込み止まり

B の切り込み

ジョイント（2枚）

P.24 チューリップ

花（3枚）

葉

P.22 たんぽぽと蝶

蝶

葉

黒目（1枚）

白目（1枚）

P.32 こいのぼり

この向きで置く

うろこ（1枚）

頭

切り込み

尾

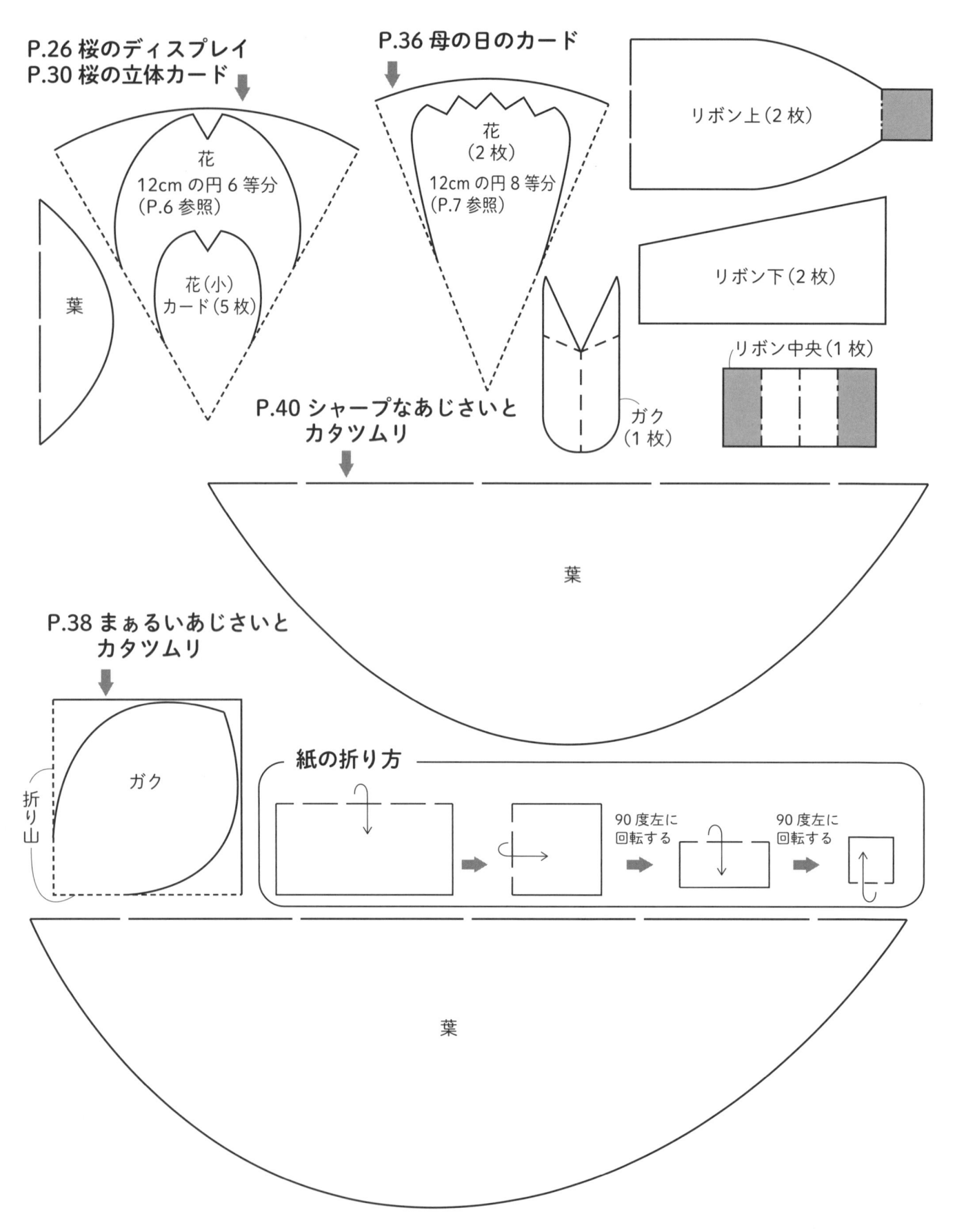

P.26 桜のディスプレイ
P.30 桜の立体カード

P.36 母の日のカード

リボン上（2枚）

リボン下（2枚）

リボン中央（1枚）

花
12cm の円 6 等分
（P.6 参照）

花（小）
カード（5枚）

葉

花
（2 枚）
12cm の円 8 等分
（P.7 参照）

ガク
（1枚）

P.40 シャープなあじさいと
カタツムリ

葉

P.38 まぁるいあじさいと
カタツムリ

ガク

折り山

紙の折り方

90 度左に
回転する

90 度左に
回転する

葉

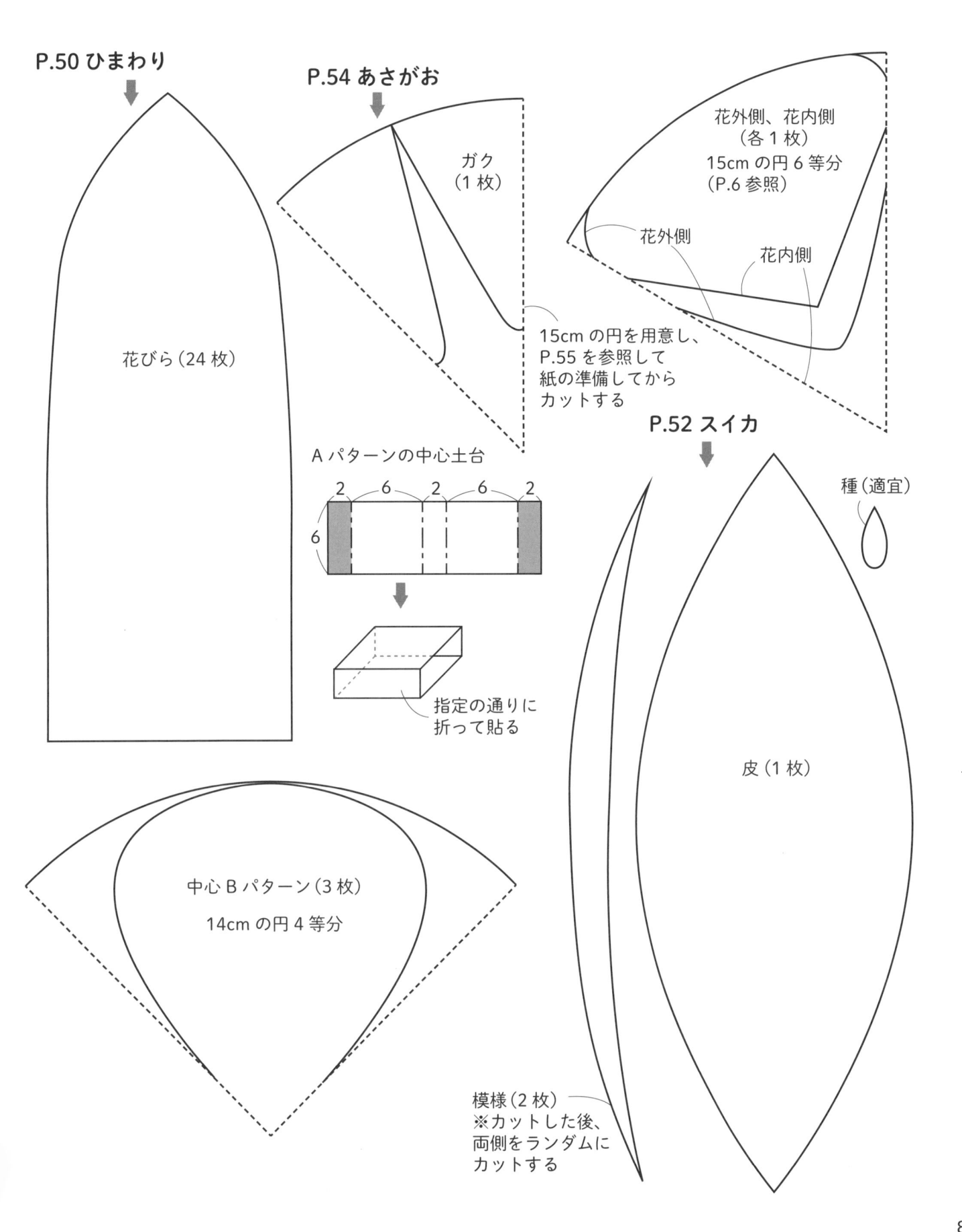

P.50 ひまわり

花びら（24 枚）

P.54 あさがお

ガク
（1 枚）

花外側、花内側
（各 1 枚）
15cm の円 6 等分
（P.6 参照）

花外側

花内側

15cm の円を用意し、
P.55 を参照して
紙の準備してから
カットする

A パターンの中心土台

2　6　2　6　2
6

指定の通りに
折って貼る

中心 B パターン（3 枚）

14cm の円 4 等分

P.52 スイカ

種（適宜）

皮（1 枚）

模様（2 枚）
※カットした後、
両側をランダムに
カットする

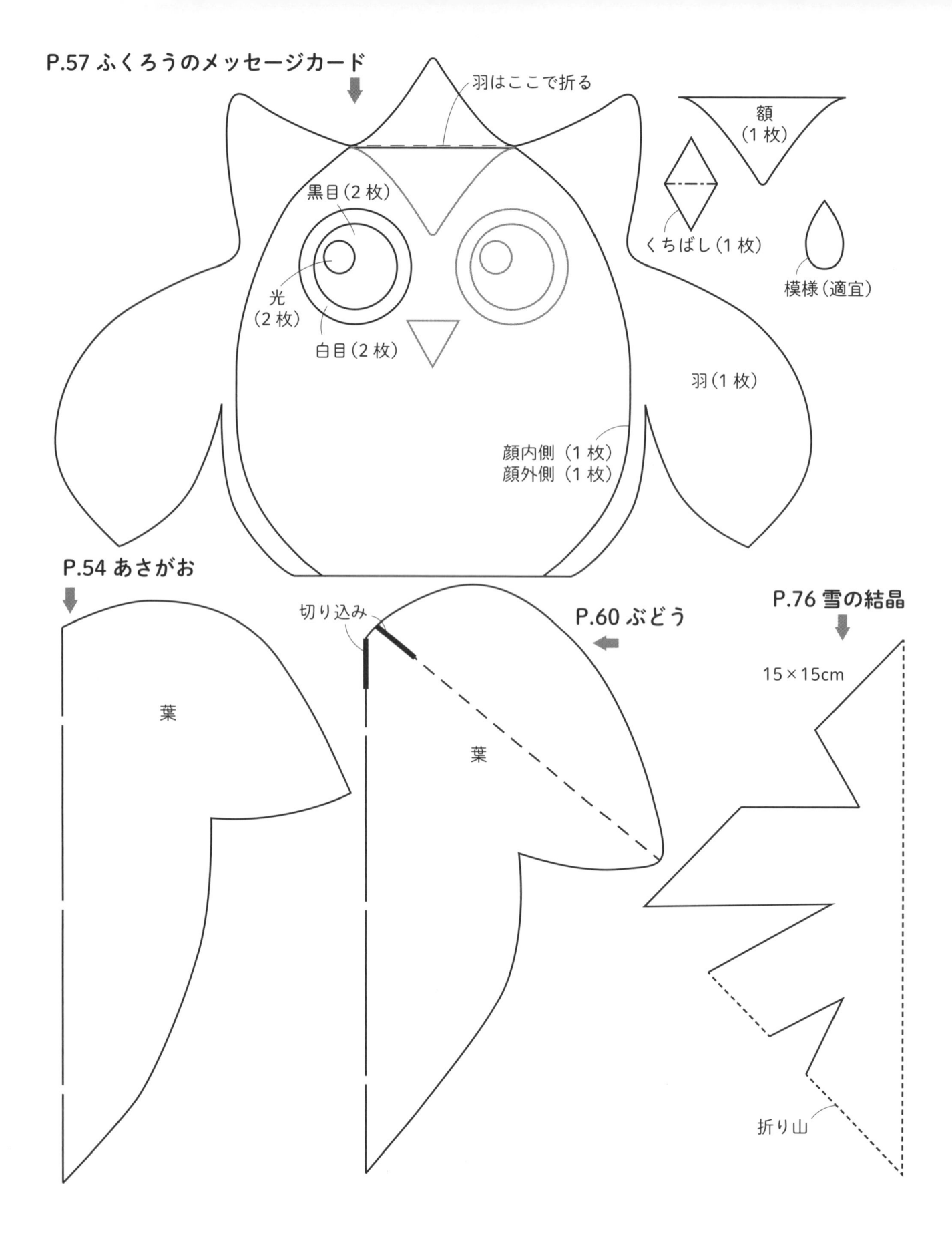

P.57 ふくろうのメッセージカード

羽はここで折る

黒目（2枚）

光（2枚）

白目（2枚）

額（1枚）

くちばし（1枚）

模様（適宜）

羽（1枚）

顔内側（1枚）
顔外側（1枚）

P.54 あさがお

葉

切り込み

P.60 ぶどう

葉

P.76 雪の結晶

15×15cm

折り山

P.64 ジャック・オ・ランタン

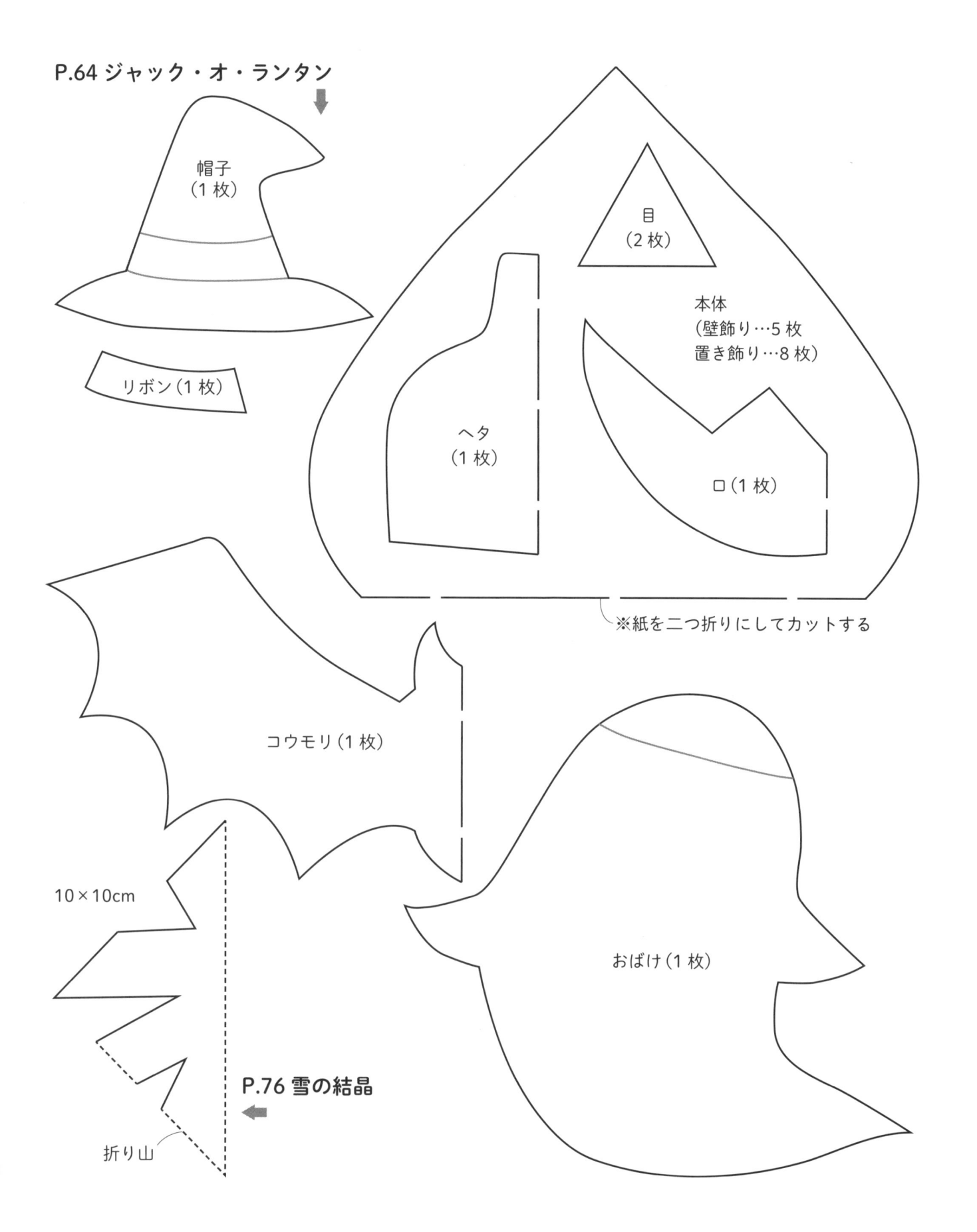

帽子（1枚）

リボン（1枚）

目（2枚）

本体
（壁飾り…5枚
置き飾り…8枚）

ヘタ（1枚）

口（1枚）

※紙を二つ折りにしてカットする

コウモリ（1枚）

おばけ（1枚）

10×10cm

P.76 雪の結晶

折り山

profile

やまもとえみこ

ペーパーデコレーション協会会長。手芸メーカーの企画部勤務を経て、作家活動をはじめる。繊細な作品性には定評があり、雑誌や広告のほか、ホテルやショップ等の装花なども手掛けている。著書に『増補改訂版かんたん楽しい手づくりカード BOOK』、『紙で作る美しい立体の花々』(小社刊) などがある。ヴォーグ学園名古屋校、NHK 文化センター名古屋教室講師。
※「ペーパーデコレーション協会」は登録商標(登録 第 5602735 号)です。

YouTube チャンネル
やまもとえみこペーパーデコレーション
本書に掲載の作品のほかにも、簡単にできる楽しいペーパークラフトをたくさんご紹介しています。ぜひご覧ください。

staff

ブックデザイン　わたなべひろこ

撮影　白井由香里

編集　浦崎朋子

作品用紙提供

株式会社竹尾　名古屋支店
愛知県名古屋市東区東桜 1-13-3
NHK 名古屋放送センタービル 8F
TEL 052-228-4341
https://www.takeo.co.jp

平和紙業株式会社
東京都中央区新川 1-22-11
TEL 03-3206-8501
https://www.heiwapaper.co.jp

あなたに感謝しております。
We are grateful.
手づくり大好きなあなたが、この本をお選びくださいましてありがとうございます。
内容はいかがでしたか？　本書が少しでもお役に立てれば、こんなにうれしいことはございません。日本ヴォーグ社では、手づくりを愛する方とのおつき合いを大切にし、ご要望におこたえする商品、サービスの実現を常に目標としています。
小社及び出版物について、何かお気付きの点やご意見がございましたら、何なりとお申し出ください。
そういうあなたに、私共は常に感謝しております。

株式会社日本ヴォーグ社社長　瀬戸信昭
FAX 03-3383-0602

かんたん楽しい 季節の紙飾り

発行日　2024 年 12 月 25 日

著　者　やまもとえみこ
発行人　瀬戸信昭
編集人　佐伯瑞代
発行所　株式会社日本ヴォーグ社
　　　　東京都中野区弥生町 5-6-11
　　　　TEL　03-3383-0644(編集)
　　　　出版受注センター
　　　　TEL 03-3383-0650　FAX 03-3383-0680
印刷所　株式会社シナノ
Printed in Japan ©Emiko Yamamoto 2024
ISBN　978-4-529-06433-0

手づくりに関する情報を発信中
日本ヴォーグ社 公式サイト

ショッピングを楽しむ
手づくりタウン

ハンドメイドのオンラインレッスン
 CRAFTiNG
初回送料無料のお得なクーポンが使えます！詳しくはWebへ

 手づくり専門カルチャースクール ヴォーグ学園

日本ヴォーグ社の通信講座
 手芸の学校